日本のカルトと自民党

政教分離を問い直す

一郎
'aisaburo

a pilot of wisdom

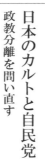

LDP and the Cults in Japan
by
HASHIZUME Daisaburo
Shueisha Inc., Tokyo Japan 2023:03

目次

序　カルト原論　5

第1部　生長の家から日本会議へ　57

1・1　谷口雅春という人物　59
1・2　生長の家と皇国主義　81
1・3　谷口雅春の憲法論　101
1・4　生長の家の政治活動　133
1・5　生長の家ギャングと日本会議　152

第2部　統一教会と自由民主党　197
2・1　文鮮明という人物　199
2・2　『原理講論』を読む　214
2・3　統一教会と霊感商法　265
2・4　統一教会と自民党　281
結　政教分離と民主主義　303
あとがき　357
主な参考文献　360

図版作成／MOTHER

序　カルト原論

カルトが日本を、蝕《むしば》んでいる。

統一教会が自民党に深く深く喰《く》い込んでいた実態が明らかになっている。カルトはよくない。カルトにつけ込まれた自民党はもっとよくない。ありがちな感想だ。これで結論が出たような気がして、気がゆるんでしまうと、カルトの思う壺《つぼ》である。

大事なのは、カルトの正体を見届けて、カルトの息の根を止めるやり方を覚えること。そうすれば、カルトが今度また忍び寄って来ても、きっぱり片づけることができる。

日本人は、こういう訓練が足りない。ことに、政治家やジャーナリストや政府職員など、責任ある立場の人びとの訓練が足りない。そういった頼りない状態なので、一般の市井の人びと（ビジネスパーソンや、学生や、主婦や退職世代の人びとや…）もそれなりの知識と覚悟を身につけて、責任ある立場の人びとを監視し、盛り立てていく必要がある。

そもそもカルトをどう定義すればいいのか。カルトの何がいけないのか。カルトとそうでない宗教とのあいだに、どう線引きをすればいいのか。そういう基本のキのところが、あやふやなままではないだろうか。

というわけで、この「カルト原論」では、基本的な疑問を順にたどりながら、カルトの本質を考えていこう。

カルトは危険だ。でも、危険じゃないですよ、みたいな顔をして、社会に広がっていくことがよくある。家族が巻き込まれるかもしれない。危険なカルトを見分けて、正しく対応すること。それは、まともな社会人の大事な素養である。

Q1　カルトは、ふつうの宗教とどう違いますか？

まず、カルトに限らず、宗教とはどんなものか、理解しましょう。

宗教は、ウイルスみたいなものだと思ってください。

宗教とは、考え方です。考え方なので、ひとからひとに伝染します。伝染して、みなで同じことを考えましょう、というのが宗教です。

伝染するからいけないのか。そんなことはありません。みんなでいいことを考えましょう、なんです。宗教のおかげで、人びとの信頼が生まれ、連帯が生まれ、秩序が生まれ、よい社会ができる。宗教に、いけないところは一つもない。

だから、どんな社会にも、宗教はあります。そして、古くからあります。宗教は、哲学や道徳の役目もかねていて、人びとのよい生き方をまるごと提案するものなんですね。

そしてときどき、新しい宗教も出てきます。するとそれが、人びとのあいだを伝わって、広まるかもしれない。この点でも、ウイルスと似ているんです。

だから、宗教はウイルスみたいなものです。ウイルスは、必ず悪さをするとは限らないでしょう？　たいていはおとなしい。宗教も同じで、たいていの宗教は害がない。

カルトは病原性が高い

さて、ウイルスのなかに、病原性の高いものがあります。病原性の高いウイルスは、感染してしまうと、当人や周囲のひとによくない状況を引き起こす。宗教のなかにも、病原性が高くて、よからぬ状況を引き起こすものがあるんです。これがカルトです。

＊

「よからぬ状況」とは何か。実生活に害を及ぼすことです。

人びとは生きていくため、社会生活を営んでいます。家族を営み、働き、生活を維持するためのさまざまな活動をします。

宗教は、こうした人びとの実生活と調和しているのがふつうです。宗教を信じたからといって、実生活が送れなくなったりしない。これがノーマルな宗教です。宗教と社会は共存している。宗教は社会の一部なのです。

ところが、カルトは違います。カルトは、自分たちの宗教さえあればいい。実生活には価値がなく、存在しなくてもいい、と言います。だから、実生活を送る人びととのあいだにトラブルを起こすのです。

ノーマルな宗教のなかにも、「実生活には価値がない」と教えるものもあります。でもそれはたいてい口だけで、実際には、人びとが実生活を送るのを尊重しています。反社会的ではない。それに対してカルトは、本気で実生活なんか存在しなくていいと思い、そのように行動する。だから反社会的なのです。

十分の一税の考え方

ノーマルな宗教とカルトがどう違うか、具体的に考えてみましょう。

たとえば、税金。

宗教税というものがあります。人びとの実生活から、宗教への、資源の移転です。これで、宗教に専従する人びとの生活をまかなったり、儀式を行なったり、宗教施設を建設したりするのです。

ユダヤ教やキリスト教には、「十分の一税」というものがあります。十分の一を、宗教のために納めなさい。売上げの十分の一か所得の十分の一か、よくわからないが、とにかく何かの十分の一を納める。十分の一は、それなりの額ではある。それだけをＧｏｄに献《ささ》げて、あなたの信仰を態度で示しなさい。

でも、これを裏返して言うと、十分の九（つまり大部分）は、自分の手元に置いておいていいということです。宗教のために納める額に、上限が決めてある。十分の九あれば、まあ元どおりの生活ができるでしょう。宗教が生活を圧迫しすぎないように、歯止めをかけているのですね。これが、十分の一税の考え方です。

これなら、宗教と実生活を調和的に両立できる。だから、カルトではない。

カルトは無制限に求める

じゃあカルトはどうかと言うと、こうした歯止めがないのです。

納める額が、多ければ多いほうがいいとする。もっと払えるでしょう。あなたの信仰はその程度ですか。先祖の祟《たた》りを取り除きたければ、もうちょっとお金を出しなさい。これは要するに、宗教だけが大事で、人びとの生活などはどうでもよい、ということです。

人びとの実生活を犠牲にして、宗教を最優先する。これが、カルトの特徴です。

＊

カルトは、資源であれ、時間であれ、無制限に求めます。

寄附をすればするほど偉い、実生活を全部捨て、学校も会社もやめて教団に加わるとよいことがある、などと言います。

オウム真理教には、「出家」がありました。それまでの生活を投げうって、修行の毎日を送る。修行といっても、パソコン・ショップや、ラーメン店で働くことだったりした。

統一教会には、「献身」がありました。仕事や学校をやめ、自動車（バン）で寝泊まりしながら、田舎で怪しい募金を募って歩く。怪しい壺や印鑑を売りつける。

時間は貴重です。それを根こそぎ提供させて、宗教活動に従事させる。こういうことをさせて平気な宗教は、反社会的です。

宗教のためなら、社会生活を犠牲にしてかまわない。こう考えるのがカルトの特徴です。カルトと社会生活とは、両立できません。

Q2　仏教にも出家があって、俗世間と離れます。これはカルトではない？

よい質問です。

出家すれば、労働はできない。仏教の戒律で、地面を掘ることもできないし、お金に触ることもできない。インドではそうでした。実社会の働き方はできない、ということです。では、出家した人びとの生活を誰が支えるのか。在家の人びとです。在家の人びとは、実社会で生活している。そこで彼らのもとを訪れて、その日の食事を分けてもらいます。これを、托鉢《たくはつ》、乞食《こつじき》という。

在家の人びとにとって、これは負担になる。そこで、何日も続けて同じ家に托鉢に行かないように、という決まりがあります。出家した人びとの生活は、在家の人びとの自発的な善意に頼っています。「寄附しなさい」と命じることができません。

初期の仏教では、出家者は無一物のホームレスだったので、食事以外にあまり経費はかかりませんでした。

＊

中国や日本では立派なお寺の建物を建てるようになったので、経費がかかります。日本のお寺は荘園を持っていて税金を集め、農民に負担をかけました。でも当時は貴族も同じことをしていて、仏教だけが反社会的だったわけではありません。

仏教は、在家の人びとがふつうに生活できないと、成り立たない宗教です。だから、出家者の人数が多くなりすぎないように、コントロールしています。

こういうわけで、仏教はカルトではありません。少なくとも、「ふつうの」仏教は。

カトリック教会の場合

仏教の出家と似ているのは、カトリック教会の聖職者（神父とか、修道士とか、…）です。聖職者は、独身で、世俗社会を離れ、世俗の労働はしません。仏教の出家修行者の場合と同じです。

彼らの生活は、信徒の献金でまかなわれます。世俗の人びとの生活が成り立たないと、カトリック教会も成り立たないのです。それに、献金を無理やり集める仕組みもないので、カトリック教会は実社会と共存している、つまり、カルトではないと言えます。

Q3　カルトはもともとよくない意味なのですか。昔はそうではなかったとも聞きます。

これもよい質問です。

カルトがいまのように、「新しくできた、怪しげで反社会的な活動をする宗教団体」の意味になったのは、わりに最近のことです。一九七〇年代に統一教会がアメリカに進出して注目を集め、人民寺院の集団自殺の事件もあって、「カルト」という言い方が定着しました。

その前には、「カーゴ・カルト」という言い方もありました。太平洋の島々で、沖合を通る貨物船の積み荷（カーゴ）を、幸せをもたらす神のプレゼントと崇《あが》める信仰が流行《はや》ったのです。この場合のカルトは、反社会的とかよくないとかいった意味はありませんでした。

いずれにしても「カルト」は、きちんとした学術用語ではありません。

本書では、最近の用例に従って、「反社会的な新しい宗教」の意味で用います。

セクトとどう違う

カルトと似た言葉に、「セクト」があります。ヨーロッパでは、カルトとセクトが同じ意味で用いられたりもするようです。

＊

セクトに注目して研究したのが、社会学者のマックス・ヴェーバーです。セクト（ドイツ語でSekteゼクテ）は、教会ほど大きくないが信仰を共にする小さなグループ、の意味。プロテスタントには多くのセクトが生まれました。プロテスタントに特徴的な考え方や行動様式が見られるので、ヴェーバーの興味を引いたのです。

日本では、革マルや中核や赤軍派など、新左翼のグループを「セクト」と呼びました。セクトはこのように、それなりに詳しく研究されてきました。いっぽうカルトには、これはといった定番の研究がまだありません。

この「カルト原論」は、そこで最低限、現場で役に立つかっちりした議論の土台を、共有しようという提案です。

Q4　宗教は、どういう場合に、反社会的なカルトになるのですか。

これは、とっても大事な質問です。

ノーマルな宗教は、実社会と調和し、共存しています。実社会に害を及ぼすようなことはありません。

それに対して、カルトは、社会のことを考えず、自分さえよければいいという運動です。社会の資源（資金や人びとの時間や…）をどんどん吸収して、ぶくぶく肥え太る。カルトのこの性質は、ガン細胞に似ています。ガン細胞は、自分さえよければいいと、さまざまな健康な臓器に転移して、養分を吸収し、自己増殖していく。ガンが進むと、身体《からだ》が生命を維持できなくなって、ガンもろとも死んでしまいます。ガンは不合理なことをしているとも言えますが、ともかくそれぐらい、目先の自分のことしか考えない。

カルトは、社会にとって、ガン細胞のように害悪があるのです。

どうやってカルトになるのか

カルトを、病原性の高いウイルスや、ガン細胞にたとえました。

これがあたっているとしても、症状を説明しているだけです。

カルトがなぜ、またどうやってカルトになるのか。これが大切なポイントですね。でも、ひとくくりにこうだと言いにくい。ケース・バイ・ケースで、具体的に考えていきましょう。

＊

そこで本書では以下、第1部、第2部で、生長の家、統一教会の二つを取り上げます。そして、どこがどうカルトか、カルトっぽいのか、具体的に詳しく検討します。

生長の家は、カルトとまでは言えない宗教団体です。でも、その学生政治組織が独立してカルトっぽい活動を続け、日本会議の中核となりました。宗教が政治に影響を与える重要な例なので、検討してみます。

統一教会は、カルトです。正式名が、世界基督教《キリストきょう》統一神霊協会。いまは、世界平和統一家庭連合と名前を変えています。新聞などは「旧統一教会」と表記しますが、本書は歴史を尊重して、統一教会（Unification Church）と呼ぶことにします。

＊

具体的なことは、そちらで検討するとして、ここでは一般的なことをのべましょう。

カルトはどこがカルトなのか。まず、多くの場合、ノーマルな宗教の考え方の、一部分が別なものに置き換わっています。

この仕組みは、ウイルスに似ていると思います。

コロナウイルスは、いくつもの突起があって、それでつぎつぎ感染していきます。その突起はいつも変異を繰り返している。そして、それがある特別なかたちに変わると、病原性を獲得して、有害なウイルスになります。

宗教はさまざまな考えが集まったまとまった考え方の全体で、人びとのあいだを感染していきます。さまざまな考えのそれぞれが、ウイルスの突起にあたります。そのいくつかが別なものに変化すると、宗教の全体としての考え方（性質）が変わって、病原性が高い反社会的なもの、つまり、カルトになる場合があるのです。

カルトについて注意すべきなのは、さまざまな考えの全体がどのように働くか、です。個々の考えをバラバラに見ても、その危険性は理解できません。宗教は、それらが集まって、全体として人びとを動かすものなのです。

モルモン教の場合

わかりやすい例として、キリスト教系のカルトを取り上げましょう。モルモン教です。

モルモン教は、正式には、「末日聖徒イエス・キリスト教会」（The Church of Jesus Christ of Latter-day Saints）といいます。一九世紀の初め、ジョゼフ・スミス（Joseph Smith 1805-1844）という人物によって始められました。

ジョゼフ・スミスはニューヨーク州で暮らす貧しい農民の息子でした。両親は敬虔《けいけん》なクリスチャンだったが宗派が違ったので、宗教に敏感な子に育ちました。農業のかたわら、アルバイトに宝探しをしていました。きっと宝物が埋まっています。地主を言いくるめて前金をもらって、穴を掘ります。もちろん何も出てきません。詐欺で訴えられ、有罪にもなっています。

そんな彼があるとき天使に出会いました。言われた場所を掘ると、何と、古代文字を刻んだ金板が出てきます。これを苦労して英語に翻訳したのがモルモンの書です。ジョゼフ・スミスの周りには人びとが集まり、モルモン教（Mormonism）ができました。

＊

モルモン教は、ふつうのキリスト教と違っているので、周囲の人びととともんちゃくが起きました。違っているのは、つぎの点です。

・ジョゼフ・スミスは預言者である（神と交流できる）。
・旧約聖書、新約聖書のほかに、モルモンの書もある。
・教会の指導者は、妻を何人も持ってもよい（複婚）。
・ジョゼフ・スミスの後継者も、預言者である。
・現世で結婚すると、復活してからも夫婦である。

ふつうのキリスト教から見れば、とんでもない内容です。そこで、この宗派はキリスト教として認められていません。キリスト教系の新宗教として扱われます。

たとえば、ジョゼフ・スミスは預言者である。預言者が神の声を伝えるのなら、聖書や教会の教えは二の次です。モルモンの書も聖書である。新しい神のメッセージによって、これまでの聖書は上書きされてしまいます。キリスト教にとって、とても容認できません。

そこで、モルモン教の人びととキリスト教徒の人びとのあいだに、暴力事件などのトラブルが続発しました。モルモン教は、カルトとみなされたのです。

こういうことを言い出せばカルト

キリスト教の場合、信徒のあいだにつぎのようなことを言い出す人びとが現れれば、カルトです。

a「私は預言者です」
b「私はイエス・キリストの生まれ変わりです」
c「○年○月○日に、イエス・キリストが再臨します」
d「○年○月○日に、世界が終わります」

こんなことを人びとに言いふらしているなら、一発でカルトだとわかります。

＊

その昔、アメリカにシェーカーズという宗派があって、教祖のアン・リーは死んだあと、イエス・キリストの生まれ変わりだったと信じられました。

一八四四年一〇月二二日にイエスが再臨する、と誰かが予言して結局何も起こらなかった「大がっかり」騒動もありました。でもそのあと、アドヴェンティストという宗派が生まれました。

聖霊のはたらきで『サイエンス・アンド・ヘルス』を書いたメアリー・ベイカー・エディはクリスチャン・サイエンスという新宗教を始めました。

エホバの証人（ものみの塔）という新宗教は、一九一四年にイエスが天で戴冠したので、世界の終わりが始まったと考えます。

＊

a～dみたいな考え方をすると、残りの部分がノーマルなキリスト教とそっくり同じだったとしても、全体としてキリスト教と違った不思議な考え方になります。

ウイルスにくっついている突起のどれかが変化して、病原性の高い危険なウイルスに変化してしまうのと、よく似ているのです。これが、ノーマルな宗教がカルトに変化するメカニズムです。

Q5　カルトが、カルトでなくなることもありますか。

あります。

この点も、ウイルスと似ているのだが、おとなしい宗教が変化して、病原性の高いカルトになることもあるし、病原性の高いカルトだったものが、おとなしいふつうの宗教に変化することもあるのです。

もう一回、モルモン教の場合

モルモン教は、カルトだ、あっち行け、みたいに迫害されて、拠点をどんどん西に移し、最後はいまのユタ州の場所に落ち着きました。そこで、モルモン教徒の集まった、自分たちの信仰共同体を建設しました。西部の開発が進み人口も増えて、ユタ州に昇格する際に、連邦政府と交渉になります。連邦政府の要求は、モルモン教の信仰はともかく、「複婚」はやめてもらえませんか。一夫一婦制はアメリカの大部分の教会にとって、とても大事な家族道徳のルールです。そこで協議の結果、モルモン教は今後、複婚をやめることにして、ユタ州への昇格が認められました。

モルモン教はいまでも、ふつうのキリスト教とはちょっと違っています。でもこのころまでには、初期のとんがったところはなくなって、アメリカ社会に受け入れられるようになっていました。モルモン教徒は勤勉で家族を大事にし、所得も平均以上の人びとが多めになっています。しばらく前、モルモン教徒のミット・ロムニー氏が共和党から大統領候補になったことがありました。
ユタ州ソルトレークシティにいるモルモン教の組織のトップのひとは、いまでも預言者だと考えられています。でも突然、神からびっくりなメッセージを受け取ったりすることは、たぶんないでしょう。

「プッツン系」キリスト教

キリスト教の、とくにプロテスタントからは、ふつうとちょっと違った主張を掲げる「プッツン系」の宗派がときどき現れます。モルモン教もその一つでした。

「プッツン」な主張をするからと言って、カルトとは限りません。モメごとを起こさない場合には、変わった宗派、ですんでしまいます。

＊

「プッツン」なだけでなく、反社会的になりやすい主張はどんなものか。

- 「いくらでもあるだけ献金しなさい」
- 「仕事も学校もやめていますぐ教団に加わりなさい」

•「ほかのグループや、よその教会は敵です」
•「終末のときに救われるのは、私たちの教団だけです」

こんなことを言っているなら、ほぼカルトです。

＊

でも、こういうことを言っていたのに言わなくなることもあります。その場合は、カルトでなくなった可能性があります。

キリスト教を例にしましたが、キリスト教に限らず、どんな宗教でも似たように考えることができます。

新しくできた宗教は不安定で、いつも変化しています。ウイルスと同じですね。ですから、急に病原性が強まってカルトになったり、病原性が弱まってカルトでなくなったりすることがあるのです。

Q6 仏教も、カルトになるのですか。

はい、なります。

最近ではオウム真理教が、その例です。

でも、キリスト教に比べると、仏教はカルトになりにくいかもしれません。

仏教は、政府に管理された

仏教はとても完成度の高い宗教です。これが中国から、漢字と一緒に入って来ました。経典はむずかしい中国語（漢文）で書いてあります。しかもインドの考え方で、抽象的な哲学で、当時の日本の一般の人びとにはむずかしすぎました。

こんな仏教に飛びついたのは、読み書きができて海外の事情にも詳しい、ひと握りの上流階級の人びとです。

政府も関心を示しました。中国や朝鮮では仏教が当たり前で、海外とつき合うのに、仏教の基礎が不可欠だったからです。

＊

仏教にはお金がかかります。仏像をつくったり、お寺を建てたりします。そして、僧侶は働きません。彼らの生活を、政府がめんどうを見ました。公務員（政府職員）にして、生活費を支給しました。これが中国のやり方で、日本も真似《まね》したのです。

インドのやり方と比べると、これは変です。インドでは、仏教教団はＮＧＯで、政府と関係がなく、だいたい民間の寄附でまかなわれていました。

このインドのもともとのやり方は、中国に合わないところがありました。乞食（生活を寄附に頼る）は、中国では尊敬されません。それに出家は、親孝行にも反します。でも仏教は採り入れたい。そこで政府に仏教局みたいなところをつくって、出家を許可制にし、僧侶を公務員にしました。中国では公務員は地位が高く、尊敬されます。これで問題解決です。

だから中国では、仏教は反体制になりません。カルトにもなりにくいのです。

仏教は、政府の財政に負担をかけます。そこで政府の方針が変わって、歳出がカットされると、仏教は廃れてしまったのです。

＊

中国には、儒教／仏教／道教、の三つの宗教があります。

儒教は、政府を構成するルールです。政府の主催で、儒教の試験（科挙）も行ないます。カルトにはなりにくいです。

仏教は、政府がスポンサーとなり、監督しました。カルトにはなりにくいです。政府の方針が変わっても生き残ったのは、政府の財源に頼らない禅宗でした。

道教は、民間の宗教なので、政府がコントロールできません。すぐカルト化します。しばしば大規模な宗教反乱を引き起こし、政権を打ち倒しました。

儒教と仏教は、堂々と日本に伝わりました。道教は、仏教のかたちをかりるなどして、こっそり伝わりました。

仏教は日本で変形した

中国式の仏教は、お金がかかります。財源をどうするかが、問題です。

聖武《しょうむ》天皇は、仏教マニアで、政府の予算で国分寺をつぎつぎ建てることを計画しました。東大寺を造ったところで、資金切れで打ち切りになりました。

お寺は、やがて地主になります。荘園です。免税の特権をタテに羽振りがよくなります。

＊

仏教の受益者は、貴族や僧侶など、ごく限られた人びとです。お寺は、いまで言えば本社ビルやタワーマンションで、お金がかかる。それを負担しているのは、各地の農民です。農民は昔ながらの神々を信じ、お祀《まつ》りをしていました。

荘園は、お寺の財源をまかなう集金システムでした。ほかに、貴族の荘園もあります。貴族は、お寺に寄附をするので、結局お寺の財源になります。農民にとっては、仏教は不幸の原因で、信じる理由がありません。

これが、日本人にとって、宗教の原体験です。

武士と禅

そこに武士が登場します。

武士と貴族の違いは何か。

貴族はセレブです。京都で贅沢《ぜいたく》に暮らし、人事に明け暮れ、歌を詠んで、ほとんど夢のなかに生きている。農民なんかどうでもいい。

武士は、荘園のガードマンです。ふだんは地元にいて、貴族に雇われている。貴族に憧れるけれど、目の前で農民の生活を見てもいる。貴族のあり方が日本の現実と乖離《かいり》しているとも思う。武士は現実的なんです。

＊

さて、武士が出てきて、仏教に革新が起こります。

貴族の仏教は、自分たちさえよければいい。農民にとって、仏教はただの迷惑です。貴族の仏教では、武士も地位を得られない。仏教には殺生戒があって、ひとを殺してはいけない。武士はひとを殺すでしょう。だから武士は、仏の救いから遠い、字もろくに読めない。獰猛《どうもう》なケモノのように扱われてしまう。

でも実際に農村の経済や政治を回しているのは、武士です。それで武士は思う。貴族の仏教なんてやっていられない、何か代わるものはないか。

そこで発見したのが、禅です。

禅宗は、字が読めなくてもいいんです。座禅をすればいい。いや、座禅さえしなくていい。何かに一生懸命に取り組めば、それが仏の道である。そういう教えです。戦を一生懸命やってもいい。農業を一生懸命やってもいい。だから武士の日常と相性がいい。

禅宗、浄土宗、法華宗

それで、鎌倉仏教というものができました。

貴族の仏教は、南都の宗派も天台宗も真言宗《しんごんしゅう》も、字が読めなければダメだし、たくさん勉強しないといけない。でも禅宗は違う。平安仏教からは逸脱しているが、武士には人気です。

それから、浄土宗。これも貴族の仏教からは逸脱しています。経典を読まないで、「南無阿弥陀仏《なむあみだぶつ》」と唱えさえすればいい。これなら農民でもできる。農民のための仏教です。浄土宗、そして浄土真宗は、農民のあいだに広まります。

それから、法華宗《ほっけしゅう》。日蓮宗《にちれんしゅう》ですね。法華宗は浄土宗に対抗して、「南無妙法蓮華経《なむみょうほうれんげきょう》」と題目を唱えれば、法華経を読んだのと同じ効果があるとした。これも農民や商人に広まります。

禅宗、浄土宗、法華宗。この三つが鎌倉時代以降、一般の民衆のあいだにどんどん広がっていきます。平安仏教から見れば、カルトに見えたかもしれない。

鎌倉仏教革命

鎌倉仏教は、それまでの仏教から逸脱しています。

鎌倉仏教は、実生活に負担をかけない。お寺を造らないし、出家もしなくていい。だから高い税金を払わなくていい。そこで武士や農民、つまり荘園で働く人びとが信徒になっていきます。荘園からの収入が減り、貴族が貧しくなって、力を失っていきます。代わりに、武士が力を得て、実質的に社会を仕切るようになります。

鎌倉仏教は、それまでの仏教からは逸脱していますが、一般の人びとの実生活と調和的に共存している。社会を回している。反社会的ではない。したがってカルトではない。

＊

禅宗、浄土宗、法華宗。この三つが、日本社会のあり方を、根本的に変化させました。これを、鎌倉仏教革命と言えると思います。

なぜ念仏禁止なのか

鎌倉仏教は、反社会的ではない、と言いました。これは、農民から見た場合で、貴族から見ると反社会的です。

鎌倉仏教の火付け役は、浄土宗。とりわけ法然《ほうねん》が、大きな役割を果たしました。

法然は、『選択《せんちやく》本願念仏集』という論文を書いて、念仏すれば誰でも極楽に往生して救われることを「証明」しました。いまは末法の世で、世界の法則が変わった。これまでの修行法では覚《さと》りを開くことができない。仏教のこれまでの宗派はみんな無意味です。釈迦《しやか》が教えるように、阿弥陀仏を信じ、念仏を唱えて、極楽に往生しましょう。往生はもう決まっているのだから、この現世で互いに仏のように交流しましょう。こうして団結するのが「一向一揆《いっこういっき》」です。浄土宗は、浄土三部経にもとづいて考え、行動する、「仏教原理主義」だと言ってもよいでしょう。

＊

法然のグループは、寺を出て農民に混じり、質素な生活で念仏を広めました。農民に救いを約束します。寺は建てないから経費はかかりません。農民は労働をしながら、僧侶の教えを聞き、念仏を唱えます。念仏の門徒になると、これまでの宗派のお寺に払う年貢が滞ります。お寺の財政がピンチになります。

そこで、お寺は政府に働きかけ、念仏停止《ねんぶつちょうじ》（＝念仏の禁止）の行政命令を出してもらいました。法然ら念仏の僧侶は逮捕され、流刑になったりしました。にもかかわらず、念仏が日本中に広まるのは止まりませんでした。

念仏宗はこのように、体制側から見れば、反社会的でした。しかし、農民の生活をむしろ支えて、正当化する運動だったので、カルトとは言えないと思います。

禅の道元も、法華宗の日蓮も、法然の念仏に刺戟《しげき》されて、彼らの教えを生み出しました。こうした活動が、鎌倉仏教革命のなかみです。

Q7　神道は、カルトになりますか。

神道系のカルトも、いろいろあります。比較的最近に多く現れています。神道は、仏教と違って、政府が直接に管理しません。でも、平安時代の末ごろから仏教と習合していました。そこで、仏教を通じて管理できていたのです。

本地垂迹説《ほんちすいじゃくせつ》とカルト

平安時代の末期に、本地垂迹説が唱えられ、人びとに受け入れられました。本来の仏教とは関係ない、日本独自の創作です。

本地（インド）には、多くの仏や菩薩《ぼさつ》がいます。日本には仏や菩薩がいなくて気の毒だ。そこでみなで垂迹（移動）して、日本に降り立ち、日本のカミガミになりました。だから、日本のカミガミの正体は、仏や菩薩です。

ならば、仏教と神道を区別する理由はない、というわけです。

これは、日本中の神社が、お寺の管轄下に入るという意味です。神社は地元でバラバラに維持されている場合が多かった。それが、本山〜末寺の系列に組み入れられ、神社に僧侶が常駐するようになります。神社は地元のビジネスを独占している場合もありました。お寺の財政基盤が強化されたでしょう。

この結果、神道の信仰が暴走することがむずかしくなります。神道がカルト化しないためのストッパーが、本地垂迹説だったとも言えるのです。

＊

Q8 キリスト教が広まっていない日本で、カルトはどう位置づけられてきましたか。

カルトを認定するのは、政府（幕府）でした。

政府が認定するカルトは、「邪宗門」といいます。これは、中国で政府が認定する「邪教」と似た考え方です。

邪宗門とは

まず、宗門とは、仏教の公認の宗派のこと。日本ではまず、南都の六宗があり、天台宗と真言宗が加わって八宗となりました。そのあと、禅宗、浄土宗、法華宗も加わりました。浄土宗の流れを汲《く》む一向宗（浄土真宗）が、戦国時代に自治を求め、武士とトラブルを起こしました。最後まで妥協しなかった一派は、禁止されて邪宗門となりました。そのほか切支丹（キリスト教）も、真言立川流も、日蓮宗不受不施派も、禁止されて邪宗門となりました。

残りの宗派は公認されて、幕府に管理されました。そして、人びとはひとり残らず、それらの宗派のいずれかに登録することになりました。「宗門人別改《しゅうもんにんべつあらため》」です。これはイエ単位の登録で、生まれたらどの宗派か決まってしまい、原則として変更できません。

邪宗門は、当時の政府が、政府に反対する、社会秩序を混乱させる、道徳に反している、などの理由で決めました。本書のカルトの定義と、一致しているわけではありません。

＊

幕末から明治にかけて、神道系の、多くの新宗教が生まれました。カルトに近いものも混じっています。

Q9　なぜ幕末から維新にかけて、神道系の新宗教が多く現れたのですか。

その理由は、天皇に人びとの関心が集まったことにあります。

尊皇思想が人びとを動かした

明治維新はなぜ、成功したか。

それは、「わたしたち日本人」という感覚に、多くの人びとが動かされたからです。日本がネイション（国民共同体）として形成された。その原動力が、尊皇思想です。

＊

尊皇思想を唱えたのは、後期水戸学です。

後期水戸学には、いくつもの思想の潮流が流れ込みました。朱子学の、山崎闇斎《あんさい》学派（崎門《きもん》学《がく》）の流れ。本居宣長《もとおりのりなが》や平田篤胤《あつたね》の国学や復古神道の流れ。蘭学など新思想の流れ。その流れが集まって、尊皇思想が形成されました。その舞台裏は、『丸山眞男の憂鬱』『小林秀雄の悲哀』の二冊にまとめておいたので、参考にしてください。

＊

尊皇思想の要点は、天皇が日本の真の統治者である、と信じることです。

それはなぜかと言えば、『古事記』や『日本書紀』に、そう書いてあるからです。神武《じんむ》天皇は天照大神《あまてらすおおみかみ》の子孫で、天皇に即位した。以来、代々の天皇が日本を統治してきた。だから天皇を中心にしてまとまるのが、日本の正しい姿だ、と考えます。

尊皇思想は、日本人は何かというアイデンティティを与えます。日本のネイションを形成できるのです。

尊皇思想の源泉は、歴史以前の、神話時代の物語です。日本人のアイデンティティを神話時代にさかのぼって確認する、「革命的ロマン主義」と言えるでしょう。

＊

尊皇思想のロマン主義が「革命的」である理由。古代に原点を置いているので、「武士」をなしにできることです。天皇の前ではすべての日本人は平等である。古代には天皇や人民はいたが、武士はいなかった。尊皇を掲げると、将軍や大名を抜きにした、政治変革（倒幕）が導かれるのです。

このためには、神話時代の高天ヶ原《たかまがはら》のカミガミが、ありありと実在していると感じられる必要があります。

神道系新宗教の花ざかり

江戸時代も末になると、尊皇思想がブームになり、国学の知識が行き渡りました。神話時代のカミガミが身近になりました。

＊

神道系新宗教は、「私はナントカノカミと連絡がとれました」と言い出します。金光教《こんこうきょう》や黒住教《くろずみきょう》や天理教や大本教《おおもときょう》や…は、天照大神じゃないカミガミと、連絡がついているのです。

これのどこが問題でしょう。

天照大神は、高天ヶ原にいて、そこにはたくさんのカミガミがいます。カミガミは、神として天照大神ともともと対等であって、子分ではない。独自の活動をしてよい。それぞれの仕事もあります。たとえば、天照大神は太陽なので、太陽の仕事はやるけれども、それ以外の仕事は、ほかのカミガミが分担します。それに、口を出せません。

別のナントカノカミが、下界の人間と連絡をとっても、天照大神はそれを止めることができないのです。

ここは一神教（キリスト教）と違うところです。

＊

キリスト教には唯一の神がいて、イエス・キリストが神の子です。それ以外の神が出てくれば、それは異教なので、弾圧していい。

でも神道では、天照大神以外のカミガミを否定できません。たとえば、各地の神社を見てみると、天照大神を祀ってあるのはむしろわずかで、それ以外のカミガミが山ほどいます。これが日本の信仰の姿です。したがって、他のカミガミを祀る神道系新宗教の存在そのものを、否定できないのです。

＊

復古神道は、仏教とごちゃまぜになった神道は、本来の神道でないことを明らかにしました。本来の純粋な神道に戻ろう。神道と仏教はもともと無関係だった。幕末維新の神仏分離（廃仏毀釈）の根拠になりました。

神仏が分離すると、カミガミは活発に動けます。だからこの時期、神道系新宗教がたくさん現れたのです。

新宗教と天皇

明治政府は、神社や神道を管理しようとしました。なにしろ天皇が日本を統治する根拠は、神道にあるのです。そこで、神社にどんなカミが祀られているかチェックし、ランクづけしました。神社に祀ってあるカミガミを信じてもいいが、政府の神道を尊重しなさい。前者を神社神道、後者を国家神道といいます。

＊

これ以外に、神社がなくても、カミガミを信じる人びとがいます。教派神道といいます。これをどう管理するか。

カミガミは勝手なことをのべるので、政府の考え方と喰い違ったりします。これは扱いに困ります。そこで、目に余る場合には、反社会的だと認定して、弾圧します。その分かれ目は、天皇に対して敬意を持っているか。天皇や天照大神より自分たちのカミのほうが偉い、みたいなことを言うと、弾圧されます。大本教は、そうやって弾圧されました。

＊

反社会的かどうか、政府が決める。これが明治から戦前までのやり方でした。政府が決めるので、一般の人びとはそれを決める権限がありません。だから、カルトという考え方は、出番がないのでした。

Q10 なぜ統一教会は、日本で流行しましたか。

統一教会はカルトです。反社会的で、病原性が高い。カルトだから、伝染力が高くて、広まってしまった。そして、その正体がわからなくて、社会がワクチンを用意することができなかった。ノーマルなキリスト教とカルトの区別がつかなかった。これが、統一教会が広まった理由だと思います。

キリスト教の知識が足りない

キリスト教系のカルトに立ち向かうには、キリスト教の基礎知識が大事です。病気に立ち向かうのに、病理学が大事なのと同じです。カルトは、ウイルスの突起が変化して、危険なものになっているからです。

＊

アメリカでは、人びとはキリスト教の基礎知識があります。そこで、ああ、あれはカルトだなどすぐわかります。

モルモン教は、出てきた当初は、カルトでした。ですから、ほかのキリスト教会とモメにモメた。モルモンの書とか、ジョゼフ・スミスが預言者だとか、言っていることがどう考えても突飛です。

それでもアメリカでモルモン教がある程度広がったのはなぜかと言えば、ふつうのキリスト教の教会に不満な人びとが一定の割合でいて、そういう人びとを仲間として迎えたからです。モルモン教に加わって、初めて私は生きた心地がしました、という人びとが、ふつうの教会からやって来る。そういう人びとを集めて、拡大していく。

＊

日本の場合、そもそもキリスト教があまり広まっていません。そこで、キリスト教に入るはずが、キリスト教系新宗教に入ってしまうという場合があります。統一教会の、キリスト教の部分に魅力を感じるのですね。

韓国ではどうか

韓国にはキリスト教が広まっています。ふつうのキリスト教の教会もたくさんあるし、キリスト教系新宗教も多い。統一教会は、文鮮明《ムンソンミョン》が再臨のメシアだとする、典型的なプッツン系です。これが韓国で始まってそれなりに流行ったのは、つぎのような事情が考えられます。

まず、キリスト教が韓国で根付いたのは、どうしてか。

韓国はもともと父系社会です。父と子の関係を大事にし、自分がどの父系集団に属するか確認して安心する。これが伝統でした。ところがこうした儒教の文化がだんだん下火になって、都市化が進むと、心に穴があいたような気持ちになります。どこかに偉い父親がいないだろうか。キリスト教には天の父がいて、その子のイエス・キリストもいる。父系社会の韓国に、キリスト教はわかりやすいんです。

キリスト教会がたくさんあるから、統一教会が奇妙なことはすぐわかる。だから本家の韓国では、統一教会はいろいろ叩《たた》かれた。

＊

さて日本社会では、母親が重要です。父親の存在感があまりない。だから高天ヶ原の中心も女神なのです。キリスト教の出番があまりありません。それなのに、統一教会のようなカルトがなぜ入って来るのか。

まず、統一教会がカルトだと、気がつきません。キリスト教の基礎知識が足りないからですね。防波堤になるはずの、キリスト教の力が弱い。そして最後に、統一教会が政治と結びついたからです。

Q11 統一教会のようなカルトが政治と関わるのは、どこが問題なのですか。

政教分離の原則から言って、問題です。それになお問題なのは、統一教会にはっきりとした政治目的があって、それが危険で、しかも隠されていることです。だから、民主主義にとって、とても有害です。

カルトと政治の危険な関係

宗教団体は、資金を集めます。生産活動をしないで、寄附を集める。その集め方が度を越していて、相手を騙《だま》している場合、詐欺に近い。ほんとの詐欺なら、少なくともリーダーには、詐欺をしているという自覚があります。カルトの場合、大部分のメンバーには詐欺だという自覚がないかもしれない。むしろ、いいことをしていると思っているかもしれない。それで歯止めがないから、詐欺よりもっと悪質だとも言えるのです。

そうやって集めたお金を政治家に渡します。自由に使ってください。選挙のときにも手伝います。秘書とか、事務所の電話番とか、ふだんのお手伝いもします。それはつまり、病原性の強いウイルスが蔓延《まんえん》するのを、見て見ぬふりをしてください、ということです。

*

統一教会には、その先の計画もあります。政権政党に喰い込み、政治家を教育し、信者の議員、シンパの議員を増やして、政治的影響力を強めよう。そうやって日本の政治を左右し、地上に神の王国を実現しよう。それが、統一教会の信仰の内容なのです。

議員のなかには何人か、うかうかと「政策協定」にサインしたひとがいました。危険このうえない。

*

政治家がそういう手口にひっかかってしまうのはなぜなのか。

まず、宗教についての基礎知識がなさすぎます。

そして、民主主義についての理解がなさすぎます。

民主主義の基本は、アメリカン・デモクラシーです。アメリカン・デモクラシーの基本は、宗教と政治の関係にあります。「政教分離」ですね。

政教分離は、名前だけならみんな知っています。でもなかみがわかっていません。

Q12 では、政教分離とは、どういうことなのですか。

民主主義ができた当時、いちばん大事なのは「政教分離」（政治と教会の分離）でした。この考え方を、おおもとにさかのぼって考えてみましょう。

ピューリタンとは何か

ピューリタンとは、自分たちはピュア（純粋）だが、ほかの人びとはピュアじゃない、と考えます。どこがピュアじゃないか。

イングランドでは、イングランド国教会が「唯一の合法な教会」ということになっていました。みんなこの教会に入りなさい。実際には、いろいろなひとがいます。国教会の教えをまじめに信じるひと。宗教なんかどうでもいいひと。ビジネスのために教会に入ったひと。カルヴァン派の信仰を持っているのに、国教会に入っているひともいました。教会の教えと自分の信仰とが喰い違います。この教会にいてもいいのか、悩みます。

＊

のちにメイフラワー号に乗ることになる人びとは、自分たちの信仰をピュアに守るために、イングランドにはいられないと、家族ごとオランダに移住することにしました。自分たちの理想の信仰共同体をつくろう。

オランダに着いてみると、オランダ語がわからなくて困りました。そして、農民なのに、農地が手に入りません。これでは生きていけない。英語が話せて農地が手に入って、信仰を保つことができる場所はどこだろう。そうだ、アメリカのイングランド植民地だ。そこで資金を集め、交渉して、アメリカに移住することにしたのです。これが、ピルグリム・ファーザーズです。

生活のすべてを宗教に献げるのですから、ほとんどカルトですね。

では彼らは、どうやって「政教分離」のアメリカをつくることになったのでしょうか。

いちから考える政教分離

アメリカは、ピューリタン（清教徒）の国、ということになっています。

たしかにピューリタンが、メイフラワー号に乗ってやって来て、一六二〇年にプリマスに上陸し、植民地を築いた。ピューリタンの信仰にもとづいて教会を建て、社会を運営しました。マサチュセッツのほかの植民地も、ピューリタンが築きました。

でもそれは、ものごとの一面です。

ヴァージニア植民地は、イングランド国教会でした。メリーランドはカトリックでした。ペンシルヴァニアはクエーカーでした。植民地ごと、州ごとに、人びとの信仰は違ったのです。そして誰もが、自分の教会の信仰を守りたいと思っていました。命をかけても。

＊

さて、こんなバラバラな信仰を背景にした州がいくつも集まって、ユナイテッド・ステイツとして団結し、イングランドから独立しようと戦うことになりました。司令官（大統領）にジョージ・ワシントンを担いだ。そして独立を勝ち取り、アメリカ合衆国を樹立します。その憲法に、世界で初めての民主主義国家の原則が、さまざまに書き込まれました。そしてその修正第一条が、「政教分離」(separaation of state and church) の原則です。

それは、「公定教会」(established church) をつくらないことにしましょう、という意味です。

これがわからない。「公定教会」とは何でしょう。

公定教会とは、政府が税金を特定の教会に注《つ》ぎ込むことです。そういうことはなしにする、が政教分離のなかみです。

*

日本人は、政教分離と聞くと、そうか、宗教はどうでもいいから、政治と分離しておくのだな、と思うかもしれません。

その逆です。

宗教は、大事で大事で、人びとの生活の中心です。みんな、自分の教会を大事にしたい。安心して自分の教会に行くため、政府はよその教会と結びつかないと決めておく、なのです。

この結果、教会はみんな、税金を使わないで、信徒の献金で維持されることになります。

税金は全員が払うものでしょう。その税金を特定の教会に注ぎ込むと、それ以外の教会との不平等が生まれます。すると信仰の自由が脅かされます。信仰の自由を守るために、政府はどの教会も平等に扱ってください。どの教会の信仰を選び取るかは、市民一人ひとりが自分で決めます。これが、合衆国憲法に書かれた政府と教会の分離、すなわち政教分離の原則です。

これは、アメリカ合衆国憲法で初めて確立しました。

ヨーロッパはどうなのか

ということは、ヨーロッパの国々は、当時、政教分離の原則がはっきりしませんでした。ドイツの諸国では、ルター派が公定教会になっていて、税金が使われていました。イングランドは、イングランド国教会が、政府の予算で運営されていました。カトリックしかない国々も多くありました。いずれにしても、政府が人びとの信仰の自由を保証するやり方ではなかったのです。

政教分離の原則は、信仰の自由と、表裏の関係にあるのです。

Q13 日本では、政教分離と信教の自由について、正しく理解されていますか。

あんまりちゃんと理解されていませんね。

国家神道の後遺症もあります。

明治政府は、国家神道は習俗のようなもので、宗教ではない。よって、すべての日本人に強制する、と決めました。仏教徒もクリスチャンも、国家神道に参加しなさい。でも戦後、GHQ（連合国軍最高司令官総司令部）に、国家神道は宗教だから、国民に強制してはいけないと言われてしまいました（神道指令）。割り切れない問題が残りました。

政教分離と書いてあるが

日本国憲法は、アメリカ合衆国憲法に倣ったものなので、政教分離と信教の自由が原則として書いてあります。でも、そのロジックがよく理解されていません。

まず、義務教育でこれをきちんと教えていません。大学でも教えないし、テレビや新聞もきちんと説明していない。教科書に載っていても、なかみがわからなければ、教えられません。

すると、どうなるか。

憲法の原則、すなわち民主主義の原則にもとづいて、統一教会をどう考えたらいいか、よくわかりません。日本会議を、靖国《やすくに》神社を、創価学会を、…どう考えたらいいか、よくわかりません。素人考えばかりで、迷ってしまいます。だから、政治家が特定の宗教団体の支援を受けたり、宗教団体が政治力を発揮したりすることが、民主主義にとってとっても危険なルール違反であることが、わからないのです。

これは、政教分離や信教の自由、つまり民主主義の基本ルールから、ずいぶん遠い状況だと思います。

聖霊が導く

選挙と教会、選挙と宗教団体との関係は、どうあるのが正しいのでしょうか。

＊

アメリカには、いろいろな教会があって、一人ひとりがめいめいの信仰を持っています。それなのに、どうして選挙がうまく行き、民主主義の政治が成り立つのかと言えば、キリスト教に「聖霊」という考え方があるからです。

キリスト教の教えでは、聖霊は、父なる神とイエス・キリストの両方から出て、人間一人ひとりの精神のなかに入って来ます。神はいま地上にいなくても、自分と結ばれている。祈るとそのひとのなかに、聖霊が降りてくるのです。そうやって人びとは、正しい考え方や行動に導かれます。

では、誰が政治的リーダーになればいいか。誰が大統領に、誰が知事に、誰が議員に、誰が政府職員になればよいか。選挙で選びます。選挙に、神の意思が現れる、と考えます。

人間はみな罪深いから、どの候補も、いろいろ欠点がある。でも、ポストにふさわしいひとと、そうでないひとがいるだろう。大勢の候補のなかで、誰がリーダーになるべきだと神は考えているのか。それを自問自答しながら、聖霊に祈る。聖霊に導かれて投票を行なうのは、一人ひとりの責任です。

教会の指導者は、聖霊の役目はできません。どんな人間も、聖霊の役目はできません。聖霊（＝イエス・キリスト＝神）とこの自分。この二者のあいだに、他の誰も入ってこられません。これが、アメリカの民主主義の前提です。

だから、教会や宗教団体の組織票というものはないし、教会を買収もできないのです。

ムラ社会の選挙

ところが、日本の選挙はこうではない。日本人は、自分の所属する組織や集団への忠誠にもとづいて、投票する。地域や利益集団や労働組合ごとに、まとまってある候補者に投票しましょう。これがムラ社会・日本のやり方ですね。

このやり方は、アメリカ合衆国憲法の民主主義の精神、日本国憲法の精神に反します。けれど、所属する組織や集団ごとに投票するのは、日本人の選挙の現実です。民主主義が機能するには、まだまだ道は遠いのです。

＊

宗教と選挙について、もう少し考えます。

一人ひとりには信教の自由があります。どの宗教を信仰しても、どの宗教団体に属しても自由です。

でも、それと同時に、一人ひとりの投票行動は自由でなければいけない。

そこで、宗教団体が団体としてどの候補者を支援するかを決めて、信徒にそれを伝え、信徒の投票行動を左右するようなことは、選挙法に違反しないかもしれないが、民主主義の精神にも憲法の原則にも反します。そういうことをする宗教団体は、民主主義の破壊者です。

宗教団体のそうした信徒に対する影響力（拘束力）をあてにして、政治家が宗教団体を利用するのも、民主主義の精神にも憲法の原則にも反します。

Q14　安倍元首相が二〇二二年七月に銃撃されました。犯人の供述から、統一教会との関係がクローズアップされています。この状況は、犯人の思惑どおりになっていませんか。

政教分離と信教の自由は、民主主義の大事な原則です。

それを反省し、繰り返し考えるのは大事だし、当然のことで、誰かの思惑どおりかどうかなど、気にしなくてよろしい。

自分たちの生きる社会の根幹である、憲法の成り立ちや民主主義について、テロが起きるまであんまり考えてこなかったのだとすれば、むしろそれを反省すべきでしょう。

テロがなくても、大事なことを考えるのが、本来あるべき姿です。不幸にもテロは起きてしまった。ならば、これを機会に、日本の民主主義が一歩でもよい方向に進むように、一人ひとりが真剣に考えればよいのです。

第1部　生長の家から日本会議へ

安倍首相は、憲法改正を念願としていた。

なぜ憲法改正をしなければならないと思うのか。その理由が、理解しにくかった。憲法改正それ自体が目的で、改正のなかみはどうでもよいようにさえ、思えた。ほんとうのところを、安倍首相自身に聞いてみたかった。

だが、安倍政権がつくり上げた自民党の憲法改正案が、日本会議の憲法改正案とそっくりだとしたらどうだろう。そして、日本会議の事務局を務める日本政策研究センターの伊藤哲夫氏が、生長の家の学生活動家だったとしたら。生長の家の谷口雅春氏が熱心な、帝国憲法復帰論者だったとしたらどうだろう。

このつながりは、戦後日本を呪詛《じゅそ》する情念にも似た伏流の系譜である。ほんとうに、そうしたつながりがあるのか。日米同盟にこれまで以上に軸足を置いた安倍首相が、それと矛盾した反動的な情緒を隠していたと考えるべきなのか。とりあえず仮説として措《お》いておく。

そこで、第1部は、この仮説を検証することにあてよう。話はまず、生長の家の創始者・谷口雅春という人物にさかのぼる。

1・1　谷口雅春という人物

谷口雅春《まさはる》（本名・正治）は、戦前から戦後にかけて長く活動した宗教家・思想家である。宗教団体「生長の家」を創始し、初代総裁を務めた。『生命の實相《じっそう》』など、数百冊の著書がある。

生い立ちと挫折

谷口が生まれたのは、一八九三（明治二六）年一一月、兵庫県烏原《からすはら》村（現神戸市兵庫区烏原町）である。生家のあった村は、その後水源地のダムが造られ、湖底に沈んでいる。

一八九六（明治二九）年、叔母の谷口きぬの養子となる。大阪の尋常小学校、尋常高等小学校を卒業して、大阪市立岡中学校に入学。卒業ののち早稲田大学高等予科（英文科）に入学。一九一二（明治四五）年には早稲田大学英文科に進学した。ベルグソン、ウィリアム・ジェームズ、オスカー・ワイルド、トルストイなどに影響を受けた。大学は長期欠席し、結局中退している(『生長の家三拾年史』〈以下、『三拾年史』〉三九二頁)。

一九一四(大正三)年ごろ、友人の紹介で、大阪の紡績会社の技術練習生となった。明石の工場で保全係、運転係など現場の仕事を務めた。作業改善の意見書を出したが工場長に無視され、徹夜作業と不眠症のため退職した。

心霊術と大本教

谷口は、不眠症を治すため、催眠術や呼吸式心霊術などを試みた。鈴木美山《びざん》がニューソートを「健全哲学」として紹介しているのに触発された。一九一七(大正六)年には大本教に興味を持ち、見学して、工場で必要を実感した社会改造に通じるものがあると感じ、入信した。文才を認められて、出版物の編集にあたる専従職員となった。出口王仁三郎《おにさぶろう》の口述筆記も担当した。一九二〇(大正九)年には、大本教の教理を体系化した『皇道靈學講話』を出版している。

同年、富山県高岡市出身の江守輝子と結婚した(『三拾年史』三九二頁)。

一九二一(大正一〇)年、西田天香《てんこう》の著書を読み感激、京都の一燈園《いっとうえん》を訪れた。第一次大本教事件の弾圧が起こった。*雅春は翌年、大本の教理に矛盾を感じ、大本教を脱退している。

谷口は文筆で生活することを志し、『神を審判《さば》く』などの小説を書いた。出版されたが関東大震災（一九二三年）で在庫も他の原稿も版元も焼失してしまい、小説家の道を断念した。

同年暮れ、神戸で同志らと心霊科学協会を創立し、『心霊界』を編集した。

一九二五（大正一四）年、ヴァキューム・オイル・カンパニーに入社、広告の翻訳を担当した。同社には、同社がスタンダード石油に合併される一九三二（昭和七）年まで勤めて、退社している。

「生長の家」創刊

谷口は一九二九（昭和四）年暮れ、「今起《た》て！」の声を聞いた。以来、夜は「生長の家」誌の執筆にあてた。翌年一月、創刊号一〇〇〇部を見本誌として配布。一九三二（昭和七）年一月、『生命の實相』刊行。教勢は全国に拡大して行った。一九三四（昭和九）年、東京に本拠を移した。

一九三六（昭和一一）年一月、教化団体「生長の家」を開設し、光明思想の普及をはかることになった。「万教《ばんきょう》帰一《きいつ》」を志向した。

時局が急を告げるにつれ、皇国主義や軍部に協調の姿勢を強め、教団施設を軍に寄附したり軍用機を献納したりした。空襲で多くの施設は焼失した。

＊

戦後は徐々に活動を再開、教勢も回復した。一九五四（昭和二九）年には原宿に本部会館が完成している（『三拾年史』四〇七頁）。

雅春は、日本国憲法は占領下の偽憲法であるとして、帝国憲法への復帰を主張。また、優生保護法の廃止も訴えた。一九六四（昭和三九）年には、生長の家政治連合を結成し、法廃止に賛同する議員を支持する政治運動を行なうようになった。

一九七八（昭和五三）年、雅春は生長の家総本山（長崎県）に移住し、一線を退いた。一九八三（昭和五八）年には生長の家政治連合の活動を停止した。

一九八五（昭和六〇）年六月、長崎で没した。

＊

宗教法人「生長の家」は、息子から孫へと継承されて、エコロジーを掲げる教団に変わっている。自民党政権とは距離を置いている。

ニューソートとは

生長の家はもともと、ニューソートの流れを汲む新宗教である。

ニューソート（New Thought）とは何だろう。

＊

ニューソートは、一九世紀の後半にニューイングランド（マサチューセッツ州一帯）で広がったさまざまな運動の総称である。

マサチューセッツは、アメリカでもとりわけ、会衆派（Congregationalism カルヴァン派）＝正統プロテスタントの本拠地である。カルヴァン派は、神の主権を信じ、原罪と救済予定説に立ち、人間は自分の力でよりよい世界を築くことができない、と考える。厳格で抑圧的だ。一九世紀初めから、会衆派の内部に、科学や理性の働きなど人間の活動を重視する立場（ユニタリアン Unitarianism）が現れた。ユニタリアンによると、人間に原罪はない。イエスは神の子ではなく義の教師であり、イエスや世界の諸賢の教えと導きにより、人間は向上し、より完全な世界をつくることができる。ラルフ・エマソンも、こうした文脈で、自然のなかに神意を見る超越主義を唱えた。

＊

こうした反会衆派の流れに乗って現れたのが、ニューソート運動である。

ニューソートは、エマソンやスウェーデンボリ（スウェーデンの神秘思想家）をヒントに、催眠術、心霊学、メアリー・ベイカー・エディのクリスチャン・サイエンス、マインド・キュア、メンタル・サイエンス、インド思想、そのほかありとあらゆる要素をごちゃまぜにした、霊的な一群の運動である。科学や医学や教会を称することもあるが、正規の高等教育を要する科学や医学や教会とは異なる、民間療法が実体だ。総じて言うなら、

- 病気は存在しない。人間の霊的状態が改善すると、病気は消失する。
- 神は人格でなく霊であり、世界に満ちている。人間も霊として、神と交流できる。
- 人間の霊的状態を前向きにすると、人生が開け、事業がうまく行き、幸福が訪れる。

要するに、ちょっと怪しい擬似宗教、と言えなくもない。

日本版ニューソート

谷口雅春がニューソートに触れたのは一九一〇年代なので、けっこう早いほうである。大学では英文科で学び、原書に親しみ、ウィリアム・ジェームズの影響も受けている。ジェ

ームズはニューソートにも理解があった。谷口は石油会社で英語に関する仕事もしていた。ニューソートの英語文献を入手して読むこともできたろう。

谷口はニューソートを、「光明思想」と呼んでいる。この思想が、自分にも日本人にも必要だと、直観したのだ。

*

ある思想を移植するると、どんなに忠実に移しかえようとしても、別な効果を持ってしまう。思想が置かれる文脈や風土が異なるからだ。

アメリカで、ニューソートは、正統プロテスタンティズムの抑圧をはねのけ、人びとの人生を解放するという意味合いがあった。人間は原罪を背負っていない。全知全能の恐ろしい神の赦《ゆる》しを乞う必要もない。誰もが気の持ちようで、病気は治り、運は開け、成功が手に入る。そういう希望を、心ならずも地上であまり恵まれない生活を送っている人びとに、分け与えることができる。神学的な根拠が多少あやふやでも、そういう考え方や生き方を必要としている人びとがいた。

スウェーデンボリとか、催眠術とか、心霊治療とか、インド思想とか、東洋思想とかは、正統キリスト教のとおりでなくてもよいという理由づけである。ニューソートにもそれなりの根拠も伝統もあるぞ、という安心を手にすることができる。

＊

ニューソートはこのように、正統プロテスタントに対する「異議申し立て」である。正統のキリスト教がどっしり構えているからこそ、それに対する反撥《はんぱつ》が意味を持つ。

ところが、日本では、正統キリスト教はまったくの少数派で、どっしり構えているどころかひょろひょろである。ではなにが宗教の本流かと言えば、仏教（浄土宗・浄土真宗や禅宗や日蓮宗や天台宗や真言宗や…）であり、神道（国家神道や神社神道や教派神道や…）であり、儒教や道教であり、そのほかもろもろの伝統宗教や新興宗教である。日本の人びとは、これらを区別なくごちゃまぜに受け入れている場合が多い。ならばはじめからニューソート状態である。かえって正統プロテスタントのようなキリスト教のグループが、原則的で純粋でとんがっていて、近代化の担い手だったりする。

＊

そこでどうなるか。

ニューソートは、日本に移植されると、「ニュー」ソートとしての役割を果たさなくなる。オールドソートである昔ながらの日本の宗教と、さっそくなかみの区別がなくなって、融合し始める。

生長の家も、そうした融合系の新宗教だ。起源がアメリカのニューソートで、世界の同時代の先端とつながっている。けれどもその根は、日本の伝統のなかに深く伸びていて、昔ながらの宗教の養分をたっぷり吸収している。

なぜ病が癒えるのか

アメリカのニューソートと生長の家は、どこが同じでどこが違うか、考えてみよう。

ニューソートの例として、クリスチャン・サイエンスを取り上げる。

クリスチャン・サイエンスは、心霊術や病気治療を柱にしていて、ニューソートの源泉の一つである。クリスチャン・サイエンスはどういう論理で、病を癒やすのか。

*

クリスチャン・サイエンスを始めたのは、メアリー・ベイカー・エディ（Mary Baker Eddy 1821-1910）である。彼女は、ニューハンプシャー州の田舎に生まれた。父は厳格なカルヴァン派の信徒で、救済予定説を叩き込まれた。彼女は病弱で、その教えにわだかまりを感じていた。結婚するが夫にすぐ先立たれ、子どもも里子に出されてしまい、体調もすぐれないままさまざまな施術を受け、心霊治療も受けた。そしてだんだん、神のメッセージを受け取るようになった。それをまとめたのが、『サイエンス・アンド・ヘルス』である。

メアリー・ベイカー・エディは、クリスチャン・サイエンスという新宗教を始めた。これは大成功し、一九世紀の終わりには全米でもっとも有名な女性のひとりになった。

＊

メアリーは、自分の病気が癒えたのは、福音書のイエスの癒やしの奇蹟《きせき》と同じだと言う。福音書は、癒やしの奇蹟を描く。多くの障害者や病人がイエスのもとを訪れた。イエスは彼らを癒やして言う。汝《なんじ》の信仰が汝を癒やした。そう、信仰があれば、病は存在しない。病が存在するように思ってしまうのは不信仰である。このことを覚り、病から解放されるのが、クリスチャン・サイエンスだ。

メアリーは、心霊術による治療を行なった。医薬品やふつうの医学は用いない。大勢の施術師（主に女性）も養成し、全米で治療に従事させた。

＊

クリスチャン・サイエンスが病をどう考えているか、整理して確認しよう。

まず第一に、神への信仰。神は世界を造り、世界を支配している。世界のすべての出来事は神の意思に従って起こる。人間一人ひとりの身体の状態も、精神の状態も、神にモニターされコントロールされている。

第二に、では、病気とは何か。病気と見える状態は、たしかにそこにある。だが実は、病気は存在しない。信仰が深く、神と結ばれているひとには、それがわかる。そして癒やされる。病気と見える状態は、人間の誤った精神状態によってつくり出されている。

そこで第三に、施術が有効である。以上の道理にもとづいて、施術師が患者に働きかける。そのポイントは、病気が存在しないこと。神への信仰によって、病気が癒やされること。患者の精神状態をそのように導くことだ。

*

クリスチャン・サイエンスは、キリスト教の正統な教義からはみ出してはいるが、キリスト教の信仰の枠内にある。病を癒やす主体は神である。患者は、神のはたらきを信じることで、自分の精神を整え、病から解放される。施術者は、患者が精神を整えるのを、手助けするだけである。

生長の家と病の癒やし

これに対して、生長の家の場合はどうか。

谷口雅春の『生命の實相』は、病の癒やしの教えに満ちている。のちに生長の家の政治運動部門のキーパーソンとなる安東巌《いわお》は、高校生のとき大病を発し、長年療養するなかで、生長の家の教えに接し、『生命の實相』を繰り返し熟読した。「人間神の子、本来、病なし」の教えに癒やされたという。谷口自身がある講演のなかで、安東のエピソードを紹介しているほどだ。(『日本会議の研究』二五九―二六四頁)

＊

「人間は神の子であるから、本来、病というものは存在しない」という主張は、クリスチャン・サイエンスの教えと重なる。ニューソートの考えの定番とも言える。その場合「神の子」は、神に創造された存在、あるいは、神の子イエス・キリストのきょうだいとして神に結ばれることを許された存在、という意味である。

生長の家は、神道も仏教もキリスト教も…、もとは一つの真理に帰着するという「万教帰一」の教えを掲げる。神といっても、キリスト教(一神教)の神というわけではない。だから神の子といっても、宇宙の真理に活《い》かされている人間、といったようなゆるい意味になる。クリスチャン・サイエンスのような一神教の神とは違うのだ。

＊

では、病気はどういうロジックで癒えるのか。生長の家の教えに従って、この世界、この宇宙の本質を感得し、神の子であると自覚して歩むなら、この世界に赦され調和して生きることができ、病も癒える。――このように考えるのなら、クリスチャン・サイエンスとおおよそ並行した信仰、ということになる。

「おおよそ並行」しているが、ぴったり一致しているわけではない。念のために、注意しておこう。病が癒えるのは、世界の真理のおかげ。そのおかげで、人びとは生きている。谷口雅春はその真理を言葉に移し、『生命の實相』などの書物を著した。それらを読むなどして、世界の真理をわきまえるなら、病が癒える。病を癒やす主体は、世界の真理である。が、真理を理解する人間の営みも大事である。真理を理解する人間の知的な活動や信仰が、病を癒やしているとも言える。

聖経の功徳

ニューソートは、人間の考え方や努力によって、病気が癒え、運命が開け、人生が変わり、成功がもたらされるという「ポジティブ・シンキング」の運動だった。谷口がニューソートにあてた訳語「光明思想」は、このニュアンスをよくとらえていた。

生長の家に集まる人びとが、この世界の真理について認識を改めたり、知的な努力を続けたりすることで、彼らの運命が開けたりプラスの出来事が起こったりすることは、だから、ニューソートの本来のあり方に合致している。

＊

けれども、つぎのような例はどうだろうか。

《聖経『甘露の法雨』には戦争中も色々の功徳があつた。…西岡茂泰少将や、…小路金蔵少佐や、大森知義中佐など…が坐乗《ざじょう》してゐる間は其《そ》の軍艦は不思議に、爆弾も魚雷も命中せずにゐて、他艦に転乗または、陸上勤務になつた直後に、爆沈されてゐて、これら『甘露の法雨』を奉持する生長の家信徒の坐乗するところすべて無事といふことになつてゐます。…ハワイの日本民族の第二世の軍隊…の多くは英訳の『甘露の法雨』をお守りとしてポケットに収め、不死身の軍隊としてつひにシチリア島に上陸し、橋頭堡《きようとうほう》をつくり得た…。…ハワイ第二世の将校が…ポケットに収めてあつた薄つぺらな英訳『甘露の法雨』に敵弾が中《あた》りながら、敵弾がそれを貫通しないで、無傷であつた実例などをきかしてくれた。…『甘露の法雨』を携帯したお蔭《かげ》で、…直接、原爆の爆風と放射能とに曝《さら》されながら、原子病にも罹《かか》らず、現在なほ健康をつゞけてゐる人もある。…》

（谷口雅春「発祥三十周年に方《あた》りて」『三拾年史』三―四頁）

生長の家の信徒がその信仰のゆえに、ことに、聖経『甘露の法雨』を携帯しているゆえに、事故や不幸に遭わず、平安に生活するを得ている。『甘露の法雨』を持っているだけで、功徳がある。これは、信仰により病が癒えることとは別次元の、現世の利益であり功徳である。ポケットに収めてあった冊子『甘露の法雨』に銃弾があたって貫通せず助かった、のエピソードはとりわけ、そうした側面をよく表している。

＊

ちなみに『甘露の法雨』は、谷口雅春の受けた啓示をまとめた書物である。

信徒は、信仰を持つとさまざまに功徳があったと喜び、教団に報告する。それが集まり、評判となり、谷口雅春の耳にも届く。谷口雅春は、日本型のニューソート（光明思想）を広めているつもりだろうが、そうしたありがたいストーリーも拒否しないで受け取っていく。そうするうち、生長の家の運動全体が、信仰によって病気治療や現世利益を求めるよくある新宗教のパターンに沿って、膨張し変質することになった。

病気治癒の大評判

雑誌『生長の家』とともに、教団「生長の家」がスタートすると、病気治療が評判を呼び、教勢は爆発的に拡大した。《発祥当時に『生命の實相』を読んで病気の治つた人々の体験があまりに大きく宣伝されたために逆効果を来し、新興宗教だとか、治病宗教とか称されてインチキ視され、新聞雑誌等がさわいだために》（『三拾年史』一一二頁）、著名の人士が生長の家の信徒であることを公言できなくなってしまったほどだったという。

＊

生長の家がその後どのように発展したか、概略をまとめてみよう。

一九三〇（昭和五）年　一月　雑誌『生長の家』発行
六月　支部四カ所（香川県、愛知県、朝鮮京城、尼崎市）開設
一九三二（昭和七）年　一月　『生命の實相』革表紙版発行
三月　東京支部開設
七月　大阪に生長の家印刷部を設置
一九三三（昭和八）年　三月　『生長の家新聞』創刊
八月　雑誌『生命の芸術』創刊
一九三四（昭和九）年　一月　東京など三都市に、最初の講演旅行
八月　谷口一家、大阪から東京に転居
一一月　株式会社光明思想普及会が発足
一九三五（昭和一〇）年　七月　雑誌『生命の教育』創刊
一一月　第一回生長の家指導者講習会
一二月　『生命の實相』全十二巻出版完了
一九三六（昭和一一）年　一月　教化団体「生長の家」設立
二月　白鳩会結成、総裁は谷口雅春、輝子夫妻
三月　月刊誌『光の泉』創刊、初心者、工場勤労者の教化用

三月　雑誌『白鳩』創刊
一九三七（昭和一二）年　六月　大阪教化部設置、新築
一九三八（昭和一三）年　一〇月　橿原神宮造営勤労奉仕隊を組織、谷口雅春も国民服で参加
一九三九（昭和一四）年　一一月　生長の家東亜同和会発足
一九四〇（昭和一五）年　八月　京都円山で谷口雅春野外講演会、聴衆一万四千名
一九四一（昭和一六）年　三月　谷口雅春、「詔を拝して」と題して警察関係者に講演
六月　株式会社満洲光明思想普及会発足
七月　皇運扶翼生長の家青年会起こる
一九四二（昭和一七）年　五月　谷口雅春、朝鮮満洲各地で満洲建国十周年慶祝講習会
一一月　軍用機建御雷号を献納
一九四三（昭和一八）年　九月　軍の強請と用紙配給事情のため『白鳩』を『決戦』と改題
一九四四（昭和一九）年　五月　挙国一致のため本部建物を第一師団司令部に献納する
一〇月　用紙配給が途絶し『生長の家』ほか発行不能となる
一一月　谷口雅春、無錫、上海、北京、天津、青島にて講習会
一九四五（昭和二〇）年　五月　原宿の本部事務所が空襲のため焼失
一九四六（昭和二一）年　一月　財団法人生長の家社会事業団が東京都に認可される
一九四七（昭和二二）年　九月　日本教文社に公職追放処分、谷口雅春も執筆追放

一九四八（昭和二三）年　六月　戦災孤児救済のための生長の家児童哺育院、認可される
一九四九（昭和二四）年　七月　宗教法人「生長の家教団」となる
一九五一（昭和二六）年　八月　谷口雅春、執筆追放解除となる
一九五四（昭和二九）年　三月　東京原宿に生長の家本部会館完成
一九五七（昭和三二）年　五月　宗教政治連盟に協力しない新日本宗教団体連合会を脱退
八月　「生長の家教団」を「生長の家」と改称

時代とともに紆余《うよ》曲折を歩んできたことがわかる。

政治とどうつき合うか

この生長の家の歩みをふり返って、谷口雅春はつぎのようにのべる。

《色々の宗教が発生し、潰れ、非難され、受難を受けたなかにゐて、生長の家のみは戦前も戦中も戦後も、終始一貫ひたすら真理を説きながら、受難もなくスクスクと伸びて来ることが出来たのは、神護の灼然《いやちこ》なることは無論ですが、常に、間違つた野心を起さず、謙

遜に、神授された「真理」をたゞひたすら説きつゞけて来たからでもあり、更にその上、誌友や読者や信徒の方方がこの真理を護《まも》りつゞけて来て下さつたお蔭であると感謝せずにはゐられないのであります。》

(「発祥三十周年に方りて」『三拾年史』一頁)

生長の家だけが「受難もなく、スクスクと伸びて来ることができた」のは、「間違った野心を起こさず謙遜で」あり続けたからである、という。時の政治とどのようにつき合うのがよいか、谷口雅春は慎重に考えてふるまった。

皇国主義が全盛となり戦時色が強まれば、橿原《かしはら》神宮造営の勤労奉仕隊を組織し自ら先頭に立つ。また、軍部や警察とつながりを持ち、満洲朝鮮や、中国の戦地にも講演に赴く。それなりにうまく立ち回った。だから戦後、かえって、公職追放にひっかかった。

戦後の占領下は占領下で、アメリカ軍の将校とも、つながりを持った。一九四九年にはメンタル・サイエンスのハードマン博士が来日し、交流した。谷口雅春はもともとニューソートの思想家であり、英文科の出身でもあって、アメリカの宗教家と交流するのは自然の流れであった。

*

そのときどきの政府と、うまく関係をとる。生長の家はこの点で、実は苦労し、模索と失敗を重ねてきたのではないか。

創価学会と比較すると、はっきりする。創価学会は、戦中に弾圧され、牧口常三郎は獄死、戸田城聖《じょうせい》は獄中非転向を貫いた。戦後の創価学会の発展はめざましい。戦前戦中に時流に迎合したかに見えてしまう生長の家は、肩身が狭くないだろうか。

大本教弾圧の教訓

大本教（正式には、大本）は、一八九二（明治二五）年に、京都府に住む出口なおに、うしとらの金神《こんじん》、こと国常立尊《くにのとこたちのみこと》が憑依《ひょうい》したのが発端である。出口なおの娘すみの婿《むこ》・出口王仁三郎が、教団のかたちを整えた。王仁三郎も神示を受け、『霊界物語』を口述した。「立替え立直し」という終末論的世直しを説いたので、当局の警戒するところとなった。

最初の弾圧は一九二一（大正一〇）年。不敬罪で出口王仁三郎が逮捕された。のちに大赦され活動を再開、右翼と連携し、陸海軍の軍人で加わるものも相次ぎ、教勢は全国に拡大した。これに脅威を感じた当局は、治安維持法を適用することとし、一九三五（昭和一〇）年に前回を上回る徹底的な弾圧を行なった（第二次大本教弾圧）。出口王仁三郎は投獄され、全国の教団施設も徹底的に破壊された。

＊

谷口雅春は一時期、大本教の信徒で、出口王仁三郎の信頼も厚かった。文書の編集などを通じて、大本教に深く関わった。路線の違いなどによって大本教を離れたが、その内実は熟知している。そして、どの一線を越えると当局の取締りを招くことになるか、いやが上にも慎重にならざるをえない。

大本教は、国常立尊の神示にもとづく宗教である。国常立尊は、天照大神より上位の神である。天照大神～ニニギノミコト～神武天皇～今上天皇、の系譜を神聖視する国家神道と、整合しない関係にある。このことはどう取り繕っても、避けることができない。天照大神と異なった神からの神示にもとづく新宗教である教派神道はみな、悩まなければならない問題だ。

生長の家はニューソート系の新宗教で、何でもありの「万教帰一」である。適当に言い繕って、国家神道に抱きついてしまうことができる。谷口雅春は、かなり意図的に、このような「右旋回」を行なった。たとえば、橿原神宮造営の勤労奉仕。橿原神宮は明治時代に、神武天皇と皇后を祀るために、新たに創建された神社だ。国家神道そのものである。そこで勤労奉仕するのは、だから、見え見えの胡麻《ごま》すりである。しかもそのタイミングは、一九三八年。第二次大本教事件が世間を騒がせた直後である。谷口雅春は、大本教の末路を見て、身も心も縮み上がったに違いない。

＊

ニューソート系でありながら、皇国主義。この器用な旋回が可能な柔軟性が、谷口雅春の生長の家の特徴である。それでも、この右旋回は、生長の家と谷口雅春に影を落とした。戦後、この影をふりほどくのに、苦労することになる。

1・2　生長の家と皇国主義

生長の家は何を信じるのか。それと、国家神道（皇国主義、皇国史観）との関係はどうなっているか。

もしも生長の家が信じるものが、大本教の国常立尊のように、国家神道の信仰の対象と矛盾するのであれば、当局にいつ弾圧されてもおかしくない。

生長の家は、ニューソートであり、万教帰一であり、ゆるい相対主義である。だから、国家神道ときつい意味で「矛盾する」とは言えない。だが、大本教の例もあって、政府はその程度では許してくれない。国家神道と矛盾がないことの証明を求める。

国家神道と矛盾がないことの証明をどうするか。いちばん簡単なやり方は、生長の家の教えに、国家神道の教義（決まり文句）を掲げてしまうことである。実際、生長の家は、このように対応した。

＊

宗教が、政治をおもんばかって、教義を書き換えてしまう。あってはならないことだ。少なくともアメリカでは、政府をおもんばかって教会が教義を書き換える、など考えられない。教義は、神（God）に属するので、ひとが自由に書き換えられない。

けれども、日本では、ありうる。大本教は、治安維持法や不敬罪によって、活動を停止させられた。そのほかの宗教も、当局に厳しく監視された。谷口雅春が一九四一年、東京の警察署長らを相手に講演を行なっているのも、当局に対する懐柔の一環のつもりだろう。明治政府は宗教を警戒し、監視下に置こうとした。江戸幕府も宗教を警戒し、監視下に置こうとした。仏教もそもそも日本に伝わった当初から、政府はそれを監視下に置こうとした。中国では仏教は、政府の監視下に置かれるものだったからである。

日本では宗教が、政府の監視を離れて、自由に信仰を発展させてよいという考え方がなかった。だから、生長の家だけを責めるのは、酷かもしれない。

いずれにしても、生長の家は、首を縮めてやり過ごすことで、宗教の存続をはかることを優先したのである。

ニューソートは宗教なのか

ニューソートとして出発した生長の家は、ニューソートの骨格を保っている。それは、「さまざまな宗教を認め、尊重し、それを包むより上位の原理を学びと修養によって身につける」というものである。

では、この生長の家の生き方は、宗教なのか、それとも、宗教でないのか。

宗教であるとする。すると、人びとは、仏教や神道やキリスト教や…、いままでの宗教をやめないと、生長の家に属することができない。その結果、生長の家は、さまざまな宗教を包み込む「より上位の原理」であることが無理になる。

宗教でないとする。すると、人びとは、仏教や神道やキリスト教や…、いままでの宗教をやめないで、生長の家に属することができる。たとえば仏教のどれかの宗派に属するひとは、家に仏壇がありお寺で葬儀をし、法事もし、先祖代々の墓があるとしても、生長の家に加わって信徒となることができる。生長の家はこういうやり方で、信徒を増やしてきた。

こうすれば、生長の家は、そのほかのさまざまな宗教に対して、一段上のメタ的な位置に立てる。でも、それ自身は、宗教の看板を掲げることができない。

＊

アメリカのニューソートは、宗教ではない、フワフワした新思潮として成立することができた。正体がなくてよい。多くの人びとは、正統的なキリスト教の宗派（バプティストとかメソディストとかエピスコパルとかプレスビテリアンとか…）に属したままでよかった。ニューソートと既存の宗派は、棲《す》み分けていた。

ところが日本では、そうも行きにくい。政府が、宗教団体を、管理しようとするから。キミは宗教なのかね。宗教なら、どういう教義なのかね。生長の家もそうやって、厳しく追及された。

本尊も教義もないんです

『生長の家三拾年史』に、谷口雅春の書いた「生長の家の本尊に就いて」という興味深い文章が載っている。

一九三九（昭和一四）年に宗教団体法が議会を通過して、翌年、生長の家も宗教団体と認められ、文部省の管轄下に入ることになった。宗教団体法によると、宗教には「教義」「儀礼」「本尊」がなければならない。そのため谷口雅春は困惑した。以下はこの文章のうち、「昭和十五年四月九日午後二時より名古屋公会堂に於《お》ける講演の速記」とある部分である。

《ところが生長の家は、教義と云《い》つても生長の家独特の教義がないのであります。…色々の教を一つにして説いて、相手に随《したが》つて自由無礙《むげ》に方便自在の説教をしてゐる…。

それから儀礼と云つても、…そんなものはないのです。…形式的なものが一つもない…。

…それから本尊と云つても、どこにもそんなものは祀つてない。…斯《こ》う云ふのが生長の家であります。

だから生長の家は宗教団体の中へ入らない、宗教ではないのだ、…教化団体である、斯う云ふ風に申上げたのであります…。

こちらは教化団体だと主張するのですけれども、信念を喚起する力が強いから宗教と認めると云はれては仕方がないものですから、今迄《まで》教化団体として出してをりました…届を東京府庁から返していたゞき…、それを書直すことにしたのであります。…『教義、無し』…儀式及び行事の項も『無し』と書いたのであります。それから奉齋神又は安置仏と云ふところも…『無し』と書いたのです。ところが…相談すると、『どうも「無し」ぢゃ困る』と云はれたさうであります》

（『三拾年史』一一一一五頁）

文部省宗務局は生長の家を指導して、宗教団体届の書式に合った記入のやり方を指導した。ニューソート（宗教ではないもの）が、宗教（新宗教）の鋳型にはめられた。これは同時に、国家神道・皇国主義に合致しております、という誓約書にもなっている。

こんな届けを出すのは、谷口雅春にとって不本意だったろう。しかし届けはもう出してしまった。それを信徒の人びとに言い訳しているようにも感じられる。

ちなみに、『生長の家三拾年史』の年表の昭和一五年の欄には、宗教団体届のことが書かれていない。

当局と合作の宗教団体届

結局、本尊は、「生長の家大神」ということになった。
宗教団体法による届け出の内容については、『生長の家』誌に解説が載せられた。
届け出のおおよそを紹介すると、つぎのようである。

《一、名称　教化団体生長の家

教義ノ大要

『国体ヲ明徴ニシテ皇室ノ尊厳ヲ明《あきらか》ニシ、各宗ノ神髄ヲ天皇信仰ニ帰一セシメ、尽忠報国、忠孝一本ノ国民精神ヲ昂揚《こうよう》シ、悪平等ヲ排シテ一切ノモノニ人、時、処、相応ノ大調和ヲ得セシメ、兼テ天地一切ノモノニ総感謝ノ実ヲ挙ゲ、中心帰一、永遠至福ノ世界実現ノ大目的ヲ達成センコトヲ期ス』

ソノ実行目標トシテ次ノ『七つの光明宣言』アリ。

七つの光明宣言

▽吾等《われら》は宗派を超越し生命を礼拝し生命の法則に随順して生活せんことを期す。

▽吾等は生命顕現の法則を無限生長の道なりと信じ個人に宿る生命も不死なりと信ず。

▽吾等は人類が無限生長の真道《まことのみち》を歩まんが為《ため》に生命の創化の法則を研究発表す。
▽吾等は生命の糧は愛にして祈りと愛語と讃歎《さんたん》とは愛を実現する言葉の創化力なりと信ず。
▽吾等は神の子として無限の可能性を内に包有し、言葉の創化力を駆使して大自在の境に達し得ることを信ず。
▽吾等は善き言葉の創化力にて人類の運命を改善せんがために、善き言葉の雑誌『生長の家』及び聖典を結集して発行す。
▽吾等は正しき人生観と正しき生活法と正しき教育法とにより病苦その他一切の人生苦を克服し、相愛協力の天国を地上に建設せんが為に実際運動を起す。》

（「生長の家の本尊に就いて」『三拾年史』九一－一〇頁）

教義の大要は、文部省宗務局の言うまま。光明宣言は、これまでのニューソートの考え方のまま。この二つを書いてつなげたものだ。生長の家としては、光明宣言の部分があるので、その前に教義の大要がくっついていてもまあよい、と思ったのであろう。

＊

儀式や行事、本尊、教典、については以下のようになっている。

《儀式及ビ行事ニ関スル事項

冠婚葬祭等――ニ『生長の家』特殊ノ儀式ナク…各自ノ祖先伝来ノ儀礼ニ則《のっと》ルモノトス。…

観行――坐禅観法ト祈リトヲ合併セル如《ごと》キ精神統一的行事ニ神想観アリ。…

奉齋主神、安置仏等ノ称号

道場又ハ集会室ニ特ニ顕齋セル主齋神又ハ安置仏ナシ。心ニ幽齋スル主神トシテハ宇宙大生命《ミオヤノカミ》（ソノ幽之幽ナル神トシテ天之御中主神《あめのみなかぬしのかみ》、幽ナル神トシテ天照皇《すめら》大神、現人神《あらひとがみ》トシテ天皇）ヲ礼拝ス。…各自ハ祖先伝来ノ宗教ヲ信ジ又ハ自宅ニテ如何《いか》ナル齋神又ハ安置仏ヲ奉ズルモ差支ナシ。…

教典、其ノ衍義《えんぎ》等

谷口雅春氏著『生命の實相』並ニ光明思想普及会発行ノ書籍雑誌等。…》

（『三拾年史』一〇―一一頁）

このように、主神は「宇宙大生命」とされた。括弧内のただし書きによると、天皇崇拝と一致する、としている。

谷口雅春は「生長乃家大神」と揮毫《きごう》することが多い。

＊

以上のように、ニューソートの実質を保ったまま、皇国主義の宗教という「変装」をしたのが、宗教団体届である。けれども、変装は変装に止《とど》まらず、生長の家の内実をじわじわ変質させることになった。

天皇絶対論

ここで注目すべきなのが、谷口雅春編著『天皇絶對論とその影響』（一九四一＝昭和一六年三月刊、光明思想普及会）である。ここに谷口雅春は、「謹序」「天皇信仰」の二つの文章を寄せている。

＊

『天皇絶對論とその影響』は、五名の論者の手になる論文集である。谷口雅春の天皇絶対神論に刺戟された論者らであるらしい。ざっと目を通してみると、議論のレヴェルはそれなりに高い。文部省（当時）編纂《へんさん》の『国体の本義』を批判し、記紀の神々を日本の民族神の範囲に限定すべきではないと批判するもの。《大日如来も釈迦もキリストも凡《すべ》て天之御中主神の垂迹であり、…天皇と申し上げる唯一の光源より発する七色の虹の如《ごと》きものである》と説くもの（三二頁）。真実の創造教育は「忠一元の教育」でなければならないと説くもの（二七四頁）。これらの議論が生長の家の内部で盛り上がり、論集として出版するのがふさわしいと、谷口雅春が考えたのであろう。

宗教団体届の一件からあまり時を置かずに、教団の内部で、皇国主義の思想が急速に伸長しているさまがうかがえる。

＊

この本の末尾に、「皇運扶翼生長の家青年会規約」が付してある。この会は、『生長の家三拾年史』の年表によると、一九四一（昭和一六）年七月一日に設立されている。けれどもこの本の「謹序」によると、同年三月にはすでに活動を開始している。

この会のなかみを見ると、つぎのようである。

《一、名称　本会ハ皇運扶翼生長の家青年会ト称ス

二、会旨　吾等生長ノ家同志ハ惟神《かんながら》日本、八紘一宇《はっこういちう》ノ大理想ヲ有スル皇道ノ真髄ヲ把握シ、翼賛運動ノ真精神ヲ体認シ、新東亜ノ建設ト世界光明化ノタメニ、皇国青年タル誠忠純潔ヲ捧《ささ》ゲテソノ実践運動ニ邁進《まいしん》センコトヲ期ス

三、綱領五則

（一）吾等ハ皇恩ノ無窮ナルヲ仰ギ常ニ天皇信仰ニ生キ感謝報恩行ヲツトメンコトヲ期ス

（二）吾等ハ万教ノ哲理ヲ包摂シ惟神日本ノ理念ヲ明徴スル生長ノ家ノ真理ヲ弘《ひろ》メンコトヲ期ス

（三）吾等ハ利己功利ノ観念ソノ他一切ノ暗黒思想ヲ一掃シ社会光明化運動ノ中核タランコトヲ期ス

（四）吾等ハ皇国ノ志向トソノ命令ニ随順シ、常ニソノ推進力タランコトヲ期ス

（五）吾等ハ皇国青年トシテ言行一如ノ実践運動ノ礎石タランコトヲ期ス

…》

（『天皇絶對論とその影響』三七二頁）

すっかり大政翼賛会のシステムに組み込まれていることがわかる。

本気の天皇絶対論

では、谷口雅春本人はどう考えているのか。

まず、「謹序」にはこうある。

《天皇は宇宙神にましまして、同時に現人神として個身を現じたまふ大君として宇宙に臨み給《たま》ふ。個身と宇宙と相対するが如くなれども、…個身即宇宙なるなり。…吾等日本民族の族長にてあり給ふと同時に宇宙神として、…有りとしあらゆるものを総攬《そうらん》し遊ばさる、…。我れ嘗《かつ》て天皇絶対神論を『いのち』誌に掲げたることあり。…われは如何なる反対あらんも敢然として大日本天皇は宇宙神にましますことを絶叫せんと欲す。われは昭和維新の北畠親房たらんことを欲するなり。…今や大日本帝国が神国なる事を明かにせざるべからざる秋《とき》なり。万民立って大日本天皇が絶対神にまします事を高唱せざるべからざる秋なり。一日この事早ければ一日早く全世界が大日本国となるなり。言葉は創造力なるが故なり。…》

(『天皇絶對論とその影響』一―五頁)

とても本気である。真剣に、「天皇＝絶対神」論にコミットしている。仏教（とりわけ華厳経《けごんきよう》）をヒントに、皇国主義を向こう側に乗り越えて、それ以上の天皇絶対神論を生み出している。文部省など当局に示唆されたのではない。自分で考え、自分の論理で、これらの文を生み出している。

＊

天皇が絶対神であるという考えは、ニューソートの相対主義からは出てこない。ニューソートは、あらゆる宗教を同列に並べ、どれも同じでよいことを言っていますね、と結論する。宗教団体届の際にも谷口雅春が説明していたように、これといった教義がないはずだった。それが、天皇を絶対神として、あらゆる宗教をそのもとに包摂すべきだという。そんなことができるのなら、あらゆる宗教をキリスト教にも、イスラム教にも、ヒンドゥー教にも、儒教にも、包摂することができるはずではないか。でもそうは考えないで、谷口雅春は、「大日本天皇は宇宙神にましますことを絶叫」する。ニューソートが皇国主義と化学反応を起こし、ニューソートとは別ものになってしまったと考えるよりない。

ではつぎに、「天皇信仰」で、谷口雅春は何をのべるか。
その要点を抜き出してみる。

《天皇への帰一の道すなはち忠なり。忠は天皇より出《い》でて天皇に帰るなり。…天皇は天照大御神と一体なり。天照大御神は天之御中主神と一体なり。斯《か》くして天皇はすべての渾《すべ》てにまします。…

すべての宗教は、天皇に帰一する為の前提として存在の意義があるなり。すべての宗教が、『我』を捨つるを説き、『無我』を説き、富を捨つるを説き、『無所有』を説くは、…すべてのものは天皇の一元より発現することを教へたるなり。…

わたくしの『生命』を愛護すること勿《なか》れ。『生命』が尊きは天皇の大御いのちの流れであり、岐《わか》れであるが故《ゆえ》に尊きなり。…

愈々《いよいよ》日本も政治新体制の曙《あけぼの》は近づけり。一切の政党は解党せり。…挙国一党なりとも、党のある限りは『無我』に非《あら》ざるなり。大みごころあるのみなり。…

すべて宗教は天皇より発するなり。大日如来も、釈迦牟尼仏《むにぶつ》も、イエスキリストも天皇より発する也《なり》。たゞ一つの光源より七色の虹が発する如きなり。各宗の本尊のみを礼拝して、天皇を礼拝せざるは、虹のみを礼拝して、太陽を知らざる徒なり。…生長の家が…特に『一宗一派に非ず』と云ふことを教義の『七つの光明宣言』に記入して、宗教であることを許されしは、文部当局の賢明なる処置なり。…

…ヴエーローシヤナとは、単に『光明遍照』の意なり。…畏《かしこ》くも天照大御神にましますなり。…

…天照大御神を以《もつ》て単に日本民族神なりと考ふる如き小乗時代は去れるなり。今後は宇宙神として全世界各国に於て、全世界各国民より仰ぎ祭祀《さいし》せらるべき大乗時代来るなり。こゝに於て全世界に一君万民、永遠平和の世来らん。これ宇宙の約束なり。万教を和せしめて此《こ》の宇宙的真理を炳《あきら》かにせんがために誕生せるもの生長の家なり

（『天皇絶對論とその影響』三―七頁）

天皇は、日本民族の神から、全世界人民の神に格上げされている。生長の家は、「一宗一派にあらず」という教義を文部省に認められた。それは、すべての政党を解体して大政翼賛会に合流する政治新体制と軌を一にしている。そして、生長の家は、世

界のさまざまな宗教が、天皇に帰一し、宇宙の絶対神である天皇に帰依し礼拝すべきことを明らかにする。全世界にこうして永遠平和がもたらされる宇宙的真理を、明らかにするために誕生したのが生長の家である、という。

妄想である。ニューソートが変質して、時流に共鳴し、大日本帝国の政治的意図や外交政策を後押しするものになり変わっている。ニューソートに対する裏切りである。こういう急速な皇国主義への「右旋回」を、谷口雅春は自分で選びとっている。本人が本気でそう考えた、それが正しいと思った、と理解するしかない。

＊

生長の家は、過剰に大政に「翼賛」した。「翼賛」するどころか、それを通り越して、「牽《けん》引《いん》」する勢いである。こうまで前のめりになった谷口雅春は、やがてくる敗戦を、どのように受け止めるのだろうか。

多くの思想家は、急カーブを曲がり切れず、ひっくり返った。あるいは、何喰わぬ顔で、新しい時流に乗り換えた。そういうなかで、谷口雅春は、悔い改めない宗教保守の立ち位置を守った。その実際を追ってみよう。

本尊は天皇である

敗戦の混乱も一段落した一九五九（昭和三四）年、生長の家は三〇周年を迎えた。『生長の家三拾年史』に、谷口雅春は「生長の家の本尊に就いて」というあの長めの文章を再録している。本尊が何なのか、そもそも本尊があるのかないのか。生長の家が皇国主義の影響で「右旋回」したときに、大問題となった点だ。当時の考えはいまも変わらない。それが戦後だいぶ経《た》ってこの文章を再録した意味であろう。

*

宇宙大生命が天之御中主神であり、それが光り輝く神として顕現したのが天照大御神、現人神として現れたのが天皇である。この三つは一体で、人びとの御祖神《みおやがみ》である。《他の宗教の神はこと〴〵く、そこから垂迹あそばされたものである》（三二頁）。仏教、神道、キリスト教、そのほか世界の宗教は、《本来日本神道と一つのものである》（三一頁）。こうした骨格は、いまさら引っ込めるわけにもいかないので、維持する。

しかし敗戦を境に、軍部も皇国主義も一掃された。八紘一宇の旗印のもとに東アジアに新秩序を形成するというイデオロギーも過去のものとなった。そこで、そういう飾りの部分（トッピング）は取り除く。そうすれば、もとのニューソートに戻れるのではないか。

けれども一度、皇国主義に合わせてあつらえ直してしまった生長の家の教えは、もとの姿には戻らない。初めの頃の生長の家を知っている人びとは、生長の家は変わったなと思う。時局が緊迫するなか、軍事や皇国主義と歩調を合わせていた生長の家は、戦後は批判のまとになるだろう。いまさら無邪気で無垢《むく》なニューソートの顔はできない。

*

こうして修正した生長の家の教えは、戦後の日本とすんなり折り合えるだろうか。いちばんギクシャクするのは、天皇をどう位置づけるかだ。

国家神道と皇国主義のポイントは、天皇が現人神であることだ。天照大神→神武天皇→…の血統をうけ、記紀神話を背景にした、忠誠と帰依の対象である。帝国憲法の主権者でもある。時局に遅れまいとした生長の家は、流れに乗って、天皇を信仰の中心に置いた。

戦後、憲法は改正され新憲法となった。天皇は、主権者ではなく、ただの国民統合の象徴になった。もちろん、現人神でもなくなった。戦後日本の政治と社会のあり方は、生長の家の考えと大きく喰い違っている。

戦後日本は間違っている

どういうことか。

もしも生長の家の考えが正しいのなら、戦後日本の政治と社会のあり方は間違っている。もしも戦後日本の政治と社会のあり方が正しいのなら、生長の家の考えは間違っている。とりわけ、もともとのニューソート（宗教の相対主義）を修正して、天之御中主神―天照大御神―現人神である天皇、を絶対化した天皇絶対論が間違っている。間違っている理由は、軍部や皇国主義という時勢に圧《お》されて、ニューソートとしての宗教の節操を捻《ね》じ曲げ、時流に屈したから、という意味になる。創価学会や共産党に顔向けできない、と思う生長の家内外の人びともいたかもしれない。

ならば、どうしても、戦後日本の政治と社会のあり方が、間違っていることを主張し、証明しなければならない。それは、生長の家の教えが、戦前〜戦中〜戦後を通じて「一貫して正しい」ことを証明することにほかならない。

＊

そこで、谷口雅春は、戦後の「日本国憲法が間違っている」と主張することになる。

これは、宗教家の気まぐれや暇つぶしではない。谷口雅春にとって、真剣な全力の戦いである。だから谷口雅春は憲法を、論じて論じて論じ続けた。

よって、つぎにわれわれが目を向けるべきなのは、谷口雅春の憲法論である。

1・3　谷口雅春の憲法論

谷口雅春がのべたのは、復憲論である。

復憲論とは、現行の日本国憲法を認めないで、かつての大日本帝国憲法に復帰しよう、という主張である。

非現実的な主張と思えるかもしれない。自由民主党は、「自主憲法」制定を党是に掲げ、改憲をめざしてきた。改憲は、日本国憲法の憲法改正手続き（第九六条）に従って憲法を改正することだから、いったんは現行憲法の正統性と効力を認める、ということである。

これを生ぬるいとするのが、復憲論である。

では、復憲論とは、どういう理由で主張されるのか。

なぜ復憲論なのか

復憲論は、現行憲法の正統性に疑問があるときに、唱えられる。現行の憲法の、正統性が認められない。ならば、正しいやり方は、一つ前の正統な憲法に復帰して、国家を組織しなおすことである。

こうした主張は、しばしば、非現実的であろう。もう現行憲法があるのに、旧憲法に復帰するなんて。けれども、復憲論としてしか主張できない政治的立場がありうる。

＊

たとえば、であるが、こんな例を考えてみることができる。

二〇二二年二月、ロシアがウクライナに侵攻した。首都キーウをめざし、数日でウクライナ全土を制圧して、現政権を排除し、ロシアの息のかかった傀儡《かいらい》政権を樹立する手筈《てはず》だった。ウクライナ憲法も廃止され、新しい憲法が臨時政府の手で布告されるだろう。

傀儡政権の統治が既成事実化していくなか、亡命政府を支える人びとや、国内で傀儡政権に反対しウクライナの再建をめざす人びとは、どういう政治目標を掲げるだろうか。傀儡政権がつくった憲法の改正、ではあるまい。そんな憲法は、正統性がない。もとの憲法への復帰と、もとの政府の再建ではないだろうか。

実現できるかどうかは別にして、これは合理的な主張だ。現行憲法の正統性に疑義があるとき、復憲論は意味がある主張なのである。

『私の日本憲法論』

というわけで、谷口雅春は繰り返し、復憲論をのべ続ける。それらをまとめた書物で代表的なのは、『私の日本憲法論』である。

そのなかから、つぎの論文をとりあげよう。

第一に、「大和理念としての日本国」（一九四六年）。書かれたのは戦後すぐで、まだ日本国憲法は姿を現していない。戦後ごく早い時期の、谷口雅春の考えを知ることができる。

第二に、「限りなく「日本」を愛する」（一九五三年）。占領が終わり日本が独立した時点での、谷口雅春の考えを知ることができる。

第三に、「憲法について知らねばならぬこと」（一九五九年）。安保改定を間近に控えた当時の原稿で、法律論にも議論が及んでいる。

第四に、「日本国憲法の背景となる哲学」（一九六七年の講演をもとにした原稿）。多くの原稿で繰り返される議論がまとまってのべてある。

第五に、「生命体としての日本国家」（一九六九年）。天皇についてもまとまった言及が見られる。

これらを読むのは、何が書いてあるかを理解するためではない。なぜ谷口雅春が復憲論を唱えるのか、その理由を考えるためである。その理由は、文章をふつうに読んだだけではわからない。工夫が必要である。

＊

日本のあるべき理念とは

「大和理念としての日本国」（一九四六年七月）は、雑誌『生長の家』に掲載された。書籍としては検閲のため発表できず、公刊されたのは追放解除後の一九五一年九月だという。この論が書かれたのは敗戦後、まる一年経った時期だから、まだ日本国憲法が姿を現していない。日本国憲法に対する言及も批判もない。ごく早い時期の谷口雅春の考えをうかがうことができる。

この論は、《私は日本を限りなく愛する》という一文から始まる。大上段に構えたところがない。日本は文中で「日本国」とよばれ、もはや大日本帝国ではない。《日本民族にも日本民族に許された小さいながらも梅の花のような美があるのではなかろうか》。日本は小さい、しかしいとおしいというしみじみとした思いがにじんでいる（三頁）。

かつて大きく膨れ上がっていた大日本帝国のビジョン（に投影されていた自我）が、敗戦で小さく縮んだ。ふつうの人間サイズに戻ったかのようだ。

そうして浮かび上がるふだんサイズの日本が、「大和」である。「大和」は日本の古い国号だ。《虚心無我にして、苟《いやしく》も私心を差し挿《はさ》まない大調和な心と、それより発し育てられ来たった大調和の事々物々を指すのであって、好戦的と云うこととは全く反対《うらはら》のことを指す》。調和だから、争いも戦争もない、とすんなり読める（ただし「大調和」という言葉は、昭和一五年の宗教団体体届の「教義の大要」の二行目にある皇国主義のキーワードだったことを思い出さないわけにはいかない）（六頁）。

この日本の理念を、歴史のなかに探りあてるためには、妄念を排除しなければならない。理念も妄念も、現実世界のなかに現象する。《大和《だいわ》の「心」が真に深く行じられたとき、真の日本の国は生れるのである》（八頁）。

＊

するとどうなるか。《戦争をした軍国日本の如きは真の日本を遠ざかること甚だしかったに拘《かかわ》らず、僭上《せんじょう》にも日本国と号した。併《しか》しそれは大和国ではなかったのである。…軍国主義のニセ日本の敗北が、理念の底に眠っていた「真の大和の国」に対してその目覚めるべき契機を与えてくれたのである》（八頁）。

戦争に負けたのはニセの日本である。真実の日本は大和の昔から永続している。だから日本は負けていない。真実の日本は、戦前も戦後も連続している。ならば、戦後が正しく戦前が間違っているわけではない。戦後を規準に、戦前を裁いてはならない。

戦後にあふれた、「明るく平和で民主的な新生日本が生まれました」という言説と、似ているようで違っている。戦前戦後を貫く「真実の日本」を規準に、戦後を批判し否定することができる。谷口雅春はまず、このように頭のなかを整理した。

民主主義・対・天皇親政

つぎの、「限りなく「日本」を愛する」（一九五三年）は、この七年後の文章。一九五一年八月の追放解除から一年あまり経って書かれている。タイトルは「大和理念としての日本国」の冒頭の一文をなぞっていて、そうした一貫性を踏まえつつ、《日本民族の本質》を《古事記神話の中》に見出《みいだ》していく（五二頁）。

具体的にはまず、古事記冒頭の「天地《あめつち》の初発《はじめ》の時、高天原に成りませる神の名《みな》は天之御中主神」の箇所。天之御中主神は、《宇宙の諸々の現象の発する根元の「主」たる神》の意味であり（五五頁）、《中心帰一理念》の現れだとする（五二頁）。そのあと古事記神話の分析を続けて、つぎのようにまとめる。《日本の失敗は本来の霊的文化の使命を忘れて西欧の物質文化に心酔し、物質の破壊的方面をもって世界を征服しようとした点にあるのであります》（六五頁）。


西欧が物質文化なのに対し、日本は霊的文化である、は俗論であろう。そして何より、キリスト教〜イスラム教〜仏教〜儒教〜神道が真理を解き明かすという点では同等である、というニューソートの考え方の基本から外れているのではなかろうか。

＊

続けて谷口雅春はこうのべる。《私が追放解除以来、現在の日本…を歎《なげ》いて、「日本再建の道を拓《ひら》くもの」の一文を草して、日本天皇の戦争無責任論を詳《つまびら》かにして天皇制を護持しようとするや、喧々囂々《けんけんごうごう》として、…反対論》が巻き起こった（六五頁）。ここで谷口雅春のいう「天皇制の護持」は、単に帝国憲法下での立憲君主制のことではない。再軍備を例に、こうのべる。

《与党と野党の投票数が数票の差で、国民の運命が或《あ》る方向へと強制せられる如き民主主義なるもの》に比べて、《一人《いちにん》の吾ら自身の愛する叡智者《えいちしや》を信じ敬し愛し、その人のみこころに自己の運命をまかせる方が、たとい、…不幸の運命に陥ることがあっても以て喜んで死に得るのではありませんか》（六六―六七頁）。これは、天皇が実質的な政治的意思決定をすることを理想とする、天皇親政説に近い考え方だ。

天皇親政と無責任

ここで細かなコメントをしておくと、天皇が実質的な政治的意思決定をすることと、天皇が政治的に無責任であることとは、矛盾しないのか。

《天皇の自己の生命を賭してのポツダム宣言受諾によって、現在安泰なる平和裡《り》に生活し得ている》（六六頁）と戦後の日本を肯定し、それが天皇の正しい意思決定によって導かれたことを評価する。では、天皇の意思決定は必ずよい結果をもたらし、政治責任を生じないのか。《私は国民が天皇の叡智を完全に信じ全托する心境になるとき、天皇は決してその叡智を晦《くら》まされるものでないことを信ずるのであります》（六七―六八頁）と、谷口はのべる。矛盾しないと信じる、のが答えのようだ。

谷口がこのように考えるのは、たぶん、政治的決断／政治責任がセットになる、近代政治の原則で考えていないからであろう。谷口は、近代政治や立憲君主制の範囲を飛び出して、歴史のなかの中世や神話的古代へと想像をさかのぼらせている。そこでは、天皇と人びとが、統治者／被統治者、としてではなく、宗教的指導者／信徒、のように結びついている。それは、政治組織というより宗教共同体である。であれば、人びとが天皇と運命を共にするとしても、文句を言う余地はないであろう。本居宣長らの国学が想定した、上古の天皇の姿である。

谷口のこの論を、神聖天皇論と呼ぶことができよう。

なぜ親政がよいのか

谷口雅春は、「天皇制を存続するならば、天皇がファッショ勢力に利用される虞《おそ》れがある」という危惧に対して、こう反論する。その虞れはあろう。しかし、部下の任免権や拒否権があればよい。《それは恰《あたか》も敗戦の結果遂に軍閥の威信が地に堕《お》ちた時、本土決戦に到《いた》らずに、天皇が戦争の継続を抑止せられたようにであります。天皇を単なる機関にせずにもっと天皇に強力な任免権があったらあの大東亜戦争も抑止し得た筈であります。…天皇が政治的実権と最後の任免の権《ちから》をお有《も》ちになった上で、閣僚に政治を委任されるならば、…理想政治を行うに近しと云うことになるのであります》(七〇—七一頁)。

帝国憲法を、立憲君主制の原則から（伊藤博文の『憲法義解』のように）見るのでなく、上古以来の天皇制の伝統の側から見る。谷口の宇宙観（中心帰一の理念）からすると、このように見るほかないのであった。憲法論としては、妄想によって歪《ゆが》んでいる。

復憲を宣言

「憲法について知らねばならぬこと」（一九五九年）はどうか。この論は、生長の家の「国民総自覚運動」のパンフレットとして大量に配られた。

この論で言及されているのは、大内兵衛《ひょうえ》、井上孚麿《たかまろ》の二氏である。

大内兵衛は「安保改定と憲法」（『世界』一九五九年九月号）で、「現行憲法が最初の戦争絶対放棄の精神によって制定せられたものであるに拘らず、…日本の戦力はいまや…厖大《ぼうだい》で…悲しい事実である」と書いている（一二五—一二六頁）。それに対して谷口雅春は、《併し、国家が生命体である以上、…或る程度の軍備を国家が備えるのは最も「自然」のことなのである》と応じる（一二六頁）。《大体このような民主憲法を欽定憲法である明治憲法第七十三条によって制定したことが、明治憲法に対して違憲であった…。違憲を問題にする位ならば、現行憲法の無効を宣言して人間の自然行為を自然のままに放出せしめる障害を撤去しなければならない》

（一二七頁）。復憲論がのべられている。

＊

井上孚麿について、谷口雅春はこうのべる。《私はたびたび、現行の日本国憲法が無効であって、明治憲法が復原せられなければならないことを説いて来たのであるが、最近井上孚麿氏から、その著『憲法研究』を送って来られて、実に綿密に私の所論を憲法学者専門の立場から説いておられるので、その要旨を…紹介する。…この書が日本全国民に読まれて、世論が日本国憲法の無効を充分知悉《ちしつ》するようになれば、内乱的状態なしに明治憲法を復原し得ることと思う》（一三三頁）。

なぜ復憲論なのか。《私は井上孚麿氏のこの著書によって、国際法上の陸戦法規に「占領軍司令官が占領地の憲法の恒久的変更を為《な》し又は為さしめることが許されない」となっていることをはじめて知った》（一三四頁）。陸戦法規の規定は、戦争継続中の話であり、マッカーサー司令部は日本降伏後の話であるから、これを根拠に復憲論を唱えられても困るのだが、それは措いておこう。ともかく谷口雅春は、ますます自説が法理論に照らしても正しいと自信を持つことになった。

＊

では復憲を、具体的にはどうするか。《私は鳩山一郎氏が首相在任中、鳩山首相自身の明断によって、占領憲法の占領終了と共に無効となること、従ってまた、明治憲法の復活すべきことを宣言するよう建言したのであったが、井上孚麿氏はこの手続を「占領憲法の無効確認」を行えばよいのだという風に書いている》（一四八頁）。ちなみに、鳩山一郎は生長の家の信仰に理解があって、谷口雅春とも親しくしていた。だから谷口は、鳩山に直接建言できる立場にあった。

帝国憲法によれば、天皇が主権者であるから、日本国憲法の《無効宣言も天皇が為されるべきものではある》。でもそうすると、《天皇が自由に恣意をもってほしいままに憲法を改廃する専制君主の如き観念を国民に与えるおそれがある》。そこで《私は鳩山首相に首相みずから「日本国憲法の無効、帝国憲法の復原」》を宣言すること《を建言した》（一四九頁）。ところが井上氏は、《「天皇には常に輔翼《ほよく》機関が随伴するのであって、その輔翼機関をして無効確認を行わしめると、事態を円滑に処理できるであろう」意味のことを述べている》（一四九頁）。では、現行憲法下で、そうした輔翼機関は何なのか。井上によれば、《差当り、実定法の世界に於て有効の推定を受くべき地位にあるものは、現行憲法下に於ける諸機関》である（一五〇頁）。《つまり輔翼大臣が無効を確認し、無効宣言の詔書煥発《かんぱつ》を天皇に奏請し、その詔書に輔翼大臣が副署すればよい…。…欽定憲法の復活の性質上、国会審議不要であり、輔翼大臣だけが「日本国憲法無効、帝国憲法復帰の詔書煥発」を奏請すればよいと思う。》(一五〇—一五一頁)

帝国憲法の側から見て、わからない法理でもない。だがこれを現行憲法の側から見れば、明白な憲法違反であり、反逆に等しい不法行為にほかならないのである。

国民主権は実相に反する

「日本国憲法の背景となる哲学」(一九六七年)はどうか。

谷口雅春は、禅宗の『無門関』の奚仲造車《けいちゅうぞうしゃ》の公案を例にひく。車はバラバラにすると存在しなくなる。車はまず理念として存在し、それが現象のなかにかたちをとる。それがこの世界の実相だ。日本国も同様である。《天照大神様の心の中に、日本国なるものの根本的設計、即《すなわ》ち「理念の日本国」と云うものが造られまして、その理念が天降《あまくだ》って来て現実化したのが神武天皇の建国で…あります。天照大神様の天孫降臨の神勅そのものこそ、日本国の根本的設計であり「理念の日本国」そのもので…あります》(一四—一五頁)。

ところが、日本国憲法には《日本国の実相に反する》ことが書かれている、と谷口は言う。天皇は日本国の象徴で、その地位は主権の存する日本国民の総意にもとづく、という箇所だ。

《国民…は国家を構成する部分》なのに、《部分が相談をして国家と云う全体を…造った…と云う唯物論的立場に立って…書かれている》(一六頁)。こういうことだから、堕胎の蔓延や争議の多発や道徳の頽廃《たいはい》や、さまざまな社会的不祥事が続発する。革命の危険も迫っている。《どうしても国防軍の統帥権が天皇にあると云う憲法に復元して置かなかったならば、この日本国を将来革命の時に護ることが出来ない》と、谷口は主張する(二九頁)。

＊

神話的古代に日本の理念を求めるのは、『国体の本義』の皇国主義と同じである。もともとのニューソートの多元主義と、合致しない。戦前の「右旋回」がそのまま戦後に持ち越されている。

生命体と天皇政治

「生命体としての日本国家」(一九六九年)はどうか。この論は、『理想世界』(六九年一月号)に掲載され、三島由紀夫が「久しく求めていた日本の国家像」だと絶讃したという。

＊

この論は、和田心臓移植事件を入り口に、国家も生命体であると主張する。《国家を一個の生命体として観《み》る場合に、日本国家の「生きたる命令系統の中枢」にあたられるところの、〝統治の大権〟を祖宗に継承せられて国家の元首にましますところの天皇は取りかえることができないということが言いたかった》と（七九頁）。《天皇政治ほど派閥に偏らず、公平無私な政治が行われる政治はない》（八五頁）。《日本の天皇政治を民主政治と対立し互いに相反するものだと考えるのは間違いである》（八八頁）。《「天皇国日本」は日本民族が創作した世界最大の文化的創作であって、これより大なる大芸術は他のどこにもないことを知って、この国体を尊重してもらいたいものである》（九四頁）。

＊

国家が「生命体」であるとは、近代思想としては異様である。一神教から生まれたニューソートには、もともとこんな考え方はない。谷口雅春の生長の家は、ニューソートをもともとの核にしながら、日本の宗教的風土の成分を存分に吸収して、皇国主義の国体論をなぞったものに変化してしまっている。

復憲論のはじまり

さて、では、谷口雅春の復憲論（憲法復元論）は、何年ごろから唱えられたのか。

『私の日本憲法論』の巻末に、年表「憲法復元運動の軌跡」がついている。ここにつぎの記述がある。

一九五二（昭和二七）年　一〇月「真に平和の基礎となるもの」『生長の家』

一九五三（昭和二八）年　一一月『限りなく日本を愛す』集録論文「真に平和の基礎となるもの」に加筆され「占領政策として定められたものは、占領終了として一応廃棄しなければならぬ」として現行憲法の廃棄を訴える

おそらくこれが、復憲論が発表された最初だろう。「真に平和の基礎となるもの」は、『私の日本憲法論』には収録されていない。『限りなく日本を愛す』は一九五三（昭和二八）年一一月の刊で、一九六五（昭和四〇）年三月に日本教文社から再刊されている。写真製版による再刊で、初版と同じテキストだと考えられる。この版によって、加筆されたという「占領政策として定められたものは占領終了として一応廃棄しなければならぬ」の項目（三九―四三頁）を詳しく検討しよう。

＊

一九五三（昭和二八）年は、サンフランシスコ講和条約が発効した一九五二（昭和二七）年四月二八日（アメリカ合衆国が批准書を寄託した時点）の翌年である。条約の発効により、連合国による占領が終了し、日本は独立を回復した。「真に平和の基礎となるもの」は、それに合わせて雑誌「生長の家」に発表されている。復憲論は、その時点でかたちになっていなかった。そのあと一年のあいだに次第に固まって、加筆された。

なぜ復憲だったのか

そこで、この論「真に平和の基礎となるもの」の構成を、確認してみよう。

この論は、読者からの質問に答える形式で、書かれている。この回（一〇月号）は、八月号に載った谷口の論「日本再建の道を拓くもの」に対する、「生長の家神戸青年会」の読者A氏からの質問に答えている。その質問は、こんな具合だ。

「貴稿『日本再建の道を拓くもの』拝読いたしました。日本再建、是《これ》は日本逆行を意味するものであります。日本精神・家族制度・天皇制、今更一体それ等が何《ど》んな価値がありませう。…民主主義が米国の日本弱体化の為の政策行為のみと言へませうか。…軍備や挙国一致に必要であつた日本精神、家族制度、更に強制された天皇制は徹底的に破壊して、人民の人民による人民の為の政治をする真の民主主義を絶対に守らなければなりません。…私はもつと『生長の家立教当初に帰れ』と叫びたい。…」（三五―三六頁）

生長の家の信徒のなかに、動揺が広がっている。だから、質問に答える必要があった。なぜ動揺が広がるのか。第一に、戦後には、戦前・戦中の制度や価値観が覆って、誰もが混乱していた。第二に、生長の家が時局に流され「右旋回」していたので、路線の修正をはかる必要があった。第三に、谷口雅春が公職追放に遭って数年間執筆ができなかったので、信徒のあいだに混乱が広がっていた。

信徒A氏は、戦後の民主主義に立脚し、谷口が「日本精神、家族制度、天皇制」を守ろうと訴えたのを、逆コース（反動）であると批判している。おそらく当時の、典型的な信徒の反応の一つだったろう。

*

これに対して谷口は、こう答える。第一に、《生長の家は戦争前も戦争中も戦後も終始一貫してゐる》(三七頁)。その終始一貫している核が、天皇制の尊重であって、『生命の實相』にも『甘露の法雨』にも書いてある。第二に、心理学の事例をひき、子ども時代に正しく育てられないと青年は暴力的になり、左翼になる。第三に、《日本の青年が、天皇制廃止を強調するなどは、占領下の日本弱体化政策で催眠術をかけられた夢がまだ醒《さ》めないから》である(五四頁)。第四に、天皇には戦争責任がないし、《優秀なる個人智は群衆心理よりも明智《めいち》》である(六三頁)。

こうした理由をのべるなかで、谷口が《昭和二十六年九月八日、日本強化策として、未曽有の寛大なる講和条件で講和が結ばれたのであります》としている点が注目できる(五五頁)。寛大なる!講和。占領期アメリカの対日政策は、対日弱体化の時期(日本国憲法を含む)と、対日強化策の時期があり、両者を区別しなければならない。弱体化策の時期の置き土産は取り去られなければならないが、それと、日米関係の実際とは別である、という現実的な認識がうかがわれる。

なぜ日本国憲法を廃棄すべきなのか

谷口雅春には、公職追放の体験が色濃く影を落としている。日本的なものは、おのずから失われたものではない。《進駐軍の民間情報教育部の原稿検閲課に於いて検閲し、抹殺しそれを公開せしめなかつたのであります。私達生長の家の人々は…占領軍が行つたことでも、賞《ほ》むべきは賞め…真理に反《そむ》く点は指摘しても来ました。…賞めたところのみ残されて、…是正又は諷《ふう》刺《し》したところは悉《ことごと》く抹殺されて来ました。…占領政策として無理に…定められた憲法は、日本の独立、そして占領の停止と共に停止せらるべきものであり、…法精神、法制度も自然の理に背くが故に、その圧迫がなくなると自然にそれが復興し来るのは当然であつて、日本精神の復興も当然と云はなければならないのであります。生長の家は右翼でも左翼でもない、しかし、…中心に置くべきものは中心に置かなければならないのであります》（四〇頁）。

さらに言えば、「人民の人民による人民の為の政治」は、《ソ連的な臭》がする、と言う。ソ連には人民のための政治など存在しはしないのだ、と左翼的な傾向に対する危惧をつけ加える（四一頁）。

*

谷口のロジックを取り出してみると、いま引用した箇所にあるとおり、《占領政策として無理に…定められた憲法は、日本の独立、そして占領の停止と共に制止せらる…のは当然で…、日本精神の復興も当然》という主張に集約される（四〇頁）。

戦争が終わった直後には、このことはすぐ意識にのぼらなかった。そのあと、アメリカの占領政策を経験し、自身が公職追放となって意見の公表を禁じられるという状況も潜《くぐ》り抜け、占領政策の曲折と戦後社会の分断のさまを見極め、日本を元どおりに復元すべきだと確信した。その方法が、帝国憲法への復元である。

日本国憲法は違憲で無法なのだから、占領が終了すれば、ぬぐい去られる。すると、もとの帝国憲法が姿を現す。これが、憲法復元（復憲）である。

それは同時に、象徴天皇を、神聖天皇に「復元」することでもある。

復憲論を説き続ける

こうして谷口雅春は、憲法復元を求める政治的主張を、確信を持って選び取った。そして、生長の家の信徒に向かって、そして社会に向かって、説き続けた。鳩山一郎や浅沼稲次郎のように、生長の家の信仰に理解を示す政治家もいた。そうした政治家や実業界の人びとにも、機会があれば復憲論を説き続けた。その流れを『私の日本憲法論』の年表から抜き書きすると、つぎのようである。

一九五五（昭和三〇）年　一〇月　全宗教界が団結して政党を結成することを提唱
一九五六（昭和三一）年　一月　「年頭に際して過去を偲び将来の発展を想望す」を発表、憲法を正しい姿に戻すための運動を提唱
三月　日本宗教政治連盟（宗政連）結成
七月　「私は斯う考えます――すでに危機は来ている」で、憲法改正の必要を訴える
八月　「鳩山首相に建言す」を発表、現行憲法の無効宣言を建言
一〇月　「明治憲法復元運動に協力せよ」『生長の家』
一一月　「斬捨御免に対抗して生命把握の認識より出発して『国』と『家』とを観る」で、明治憲法復元が民主主義の破壊でないと論ずる
一九五七（昭和三二）年　八月　紀元節奉祝会発足、本格的な紀元節制定運動始まる
一九五八（昭和三三）年　一二月　日の丸行進、日の丸掲揚運動を提唱
一九五九（昭和三四）年　三月　日本国民会議発足、愛国団体二一団体が結集
一一月　「憲法について知らねばならぬこと」、井上孚麿の憲法無効論を紹介
一二月　「安保改定に就ての私の考え――明治憲法復元は何故必要か」
一九六〇（昭和三五）年　五月　『日本を築くもの』で「日本国憲法の無効について」発表

一九六一（昭和三六）年　九月　「正しい言論・行動を圧迫する現行憲法」
一九六四（昭和三九）年　二月　全国各地で紀元節奉祝の日の丸行進実施
三月　「日本国の正しきあり方と憲法その他の問題」
八月　憲法の会発足
一九六五（昭和四〇）年　八月　生長の家政治連合（生政連）発足
一〇月　「池田首相に送る公開見舞状」、憲法無効宣言を訴える
一二月　自民党日韓条約調印祝賀会で、憲法復元を自民党議員に訴える
一九六七（昭和四二）年　一月～四月　生長の家青年会・生政連、憲法復元の署名運動
三月　自民党議員87名に憲法復元を訴える挨拶（生長の家38周年）
五月　生長の家青年会、憲法復元・優保法改正の国会請願デモ
一九六八（昭和四三）年　一月　年頭に憲法復元こそ急務と訴える
三月　「佐藤首相に建言して憲法復元の急務を述ぶ」
七月　生長の家学生会全国総連合（生学連）、東京から広島まで憲法復元行進
（以後、毎年行なわれる）
一九六九（昭和四四）年　五月　自主憲法制定国民大会で講演、現行憲法の無効を訴える
一一月　喜寿を祝う会で、憲法復元を訴える
一九七〇（昭和四五）年　七月　「佐藤総理に建言す――憲法不改正を声明した佐藤総理時代は終った」

一九七一（昭和四六）年　一〇月　正統憲法復元改正全国大会で講演、占領憲法の不当性を訴える
一九七二（昭和四七）年　六月　正統憲法復元改正熊本県民大会で講演、諸悪の因は現憲法と訴える
一九七三（昭和四八）年　九月　「大日本帝国憲法復元の祈り」
一九七六（昭和五一）年　五月　「このままでは日本は滅びる――すみやかに現行憲法の無効宣言を」
一九七七（昭和五二）年　五月　「福田首相に現憲法失効、明治憲法復元をお願いする」
九月　元号法制化要求の地方議会決議起こる
一九七八（昭和五三）年　七月　元号法制化実現国民会議結成
一九八〇（昭和五五）年　五月　『私の日本憲法論』刊行

一貫して、復憲論を説き続けていることがわかる。だが同時に、それがまったく実を結ばないこと、一九六七年ごろ（新左翼の学生運動が活発となったところ）から生長の家青年会の活動が目立つようになったこと、が注目される。

連続と非連続

このようにしぶとく頑固に、憲法復元を訴え続けたのはなぜだろう。復憲論の動機とその意

味を考えてみる。

復憲論のテーマは、日本社会の連続と非連続である。戦後社会が、戦前・戦中の日本とつながっているのか切断されているのか、と言ってもよい。谷口雅春がどこまで意識しているかわからないが、そう考えると、生長の家が戦後日本で、復憲論を訴え続けたことの意味合いがよく理解できる。

復憲論は、日本国憲法の無効を説く。日本国憲法の人権条項や民主主義条項がよい悪い以前に、占領下の憲法なのだからニセ憲法である（そもそも憲法の資格がない）とする。すると自動的に、帝国憲法が復元する。帝国憲法は、戦後を貫いて効力が持続している。戦後社会はその本質において、戦前・戦中の社会と違わない。戦前・戦中の社会が戦後にも「連続」している、という主張である。

法理論として無理目であろうと、そう考えなければならない。そう考えたい。そのような切迫した熱情が、復憲論の下敷きになっている。

＊

日本国憲法はあるべきでない。占領もあるべきでなかった。戦争もあるべきではなかった。愚かな戦争も軍国主義もなくてよかった。それらはなくてよいから、帝国憲法は効力があり続けてほしい。日本の国体がそのまま、継続していてほしい。過去を否認し、戦後社会の現実を拒否する、そうでないと、自分の世界観と心の態勢が維持できない。そういう、追い詰められた、極端な心理のなせるわざではないだろうか。

復憲論は、憲法改正の手続きを踏まない。踏む必要がない。ただ、帝国憲法への復帰を宣言すればよい。それが可能だと信じる。それがあるべき日本に忠実であることだから。政治運動というよりも、信仰表明である。

戦後の思想と言論の配置

連続と非連続をめぐって、戦後日本にどのような立場が分布していたか、整理してみると、生長の家がどういう思想のポジションを占めていたのか、わかりやすい。

*

いっぽうで、非連続派がいる。戦後は戦前・戦中と断絶しているし、断絶しているべきだとする思想や言論だ。共産党や社会党や、戦後知識人らがこれである。いわゆる戦後進歩派や民主主義派の言論もそうだ。これらを身につけた学生たちや、教育の現場や、新聞雑誌マスメディアも、この陣営を構成する。

もういっぽうに、連続派がいる。戦後日本が戦前と連続する側面を担保する人びとだ。内務省系をはじめとする中央省庁や地方自治体の官僚層。財界を中心とするビジネス層。地域の農村社会を支える名望家層。都市部の中小自営業者層。彼らは、日常の実務を通じて、戦後日本を支えている。彼らの実際の行動や意識は、戦前と戦後で大きく変わるわけではない。違いと言えば、社会情勢の変化。官僚層やビジネス層は、アメリカの意思や注文に対応しなければ仕事にならないので、アメリカと協調して行動する。アメリカを敵として戦った時代との連続性を、表に出すことはできない。

巨大な官僚群であった軍人層は、解体消滅した。貴族や地主も、その勢力を失った。重臣層も退陣した。戦前から自由主義を担ってきたオールド・リベラリスト（美濃部《みのべ》達吉《たつきち》ら）は、戦後間もない時期に、その座を戦後知識人らに譲り渡した。

＊

宗教や思想の面ではどうか。

国家神道は、解体消滅した。皇国主義は教育の場から一掃された。天皇は帝国憲法の主権者の座を降りて、日本国憲法の象徴の位置に収まった。しかもそれは、天皇の意思によるものとされたから、天皇制の名のもとに戦後日本に反対するのは困難になった。

創価学会は、戦前・戦中の弾圧にめげなかった宗派として、信頼と説得力を獲得した。この点は、日本共産党もよく似ている。知識層のあいだでの共産党の権威は、宗教的なものがあった。創価学会も共産党も、普遍思想を掲げていて、戦前の皇国主義に妥協しなかった。労働運動も、戦前・戦中になかった質を持った。労働とか総資本とかいった考え方は、普遍的で科学的な響きがあった。

仏教の各宗派は、戦前〜戦後をまたがる組織として、連続していた。けれどもそれは、軍国主義に協力した歴史の汚点のように受け取られて、戦後の精神世界を主導することができなかった。キリスト教は、もともと少数であったうえ、大政翼賛会に組み込まれて海外のミッションと切り離された傷を負って、精神世界の主導権を持つどころではなかった。神道系のさまざまな新宗教は、民主主義や自由の思想を支えるものではなく、戦後社会の主役となるわけにはいかなかった。

*

敗戦を境に消えてしまった国家神道や、皇国主義。勢いがなくなった教派神道系の新宗教。その反対に、敗戦を境に元気になった日本共産党や創価学会。戦後民主主義の言論人やさまざまな潮流。このどちらに肩入れしても、戦前と戦後は非連続である、という意味になってしまう。戦前と戦後は連続している、とも考える人びとの感覚を代弁できない。

こうしたなか、生長の家は、戦前から戦後を通じて、連続していると主張する。連続しているとは、時局が緊迫した戦争期の日本でも、占領を経て平和で安定した戦後の日本でも、生き延びたということ。周りに合わせているだけの、ただのご都合主義（オポチュニズム）ではないのか。

ニューソートだから生き延びた

生長の家はもともと、ニューソートから出発している。あれもあり、これもありの相対主義である。キリスト教やイスラム教の一神教、神道のさまざまな潮流、仏教のさまざまな宗派、新興宗教や心霊術や心理学や…を束にして、最新科学の雰囲気をトッピングしてある。そしてそのまんなかに、皇恩を置いてあった。天皇への帰依が、あれもあり、これもありの信仰の束を束ねることになった。

『甘露の法雨』の一節にはこうある。

《汝ら天地一切のものと和解せよ。…われ嘗《かつ》て神の祭壇の前に供え物を献ぐるとき先《ま》ず汝の兄弟と和せよと教えたのはこの意味である。汝らの兄弟のうち最も大なる者は汝らの父母である。神に感謝しても父母に感謝し得ない者は神の心にかなわぬ。…感謝し合ったとき本当の和解が設立する。…天地万物との和解が成立せねば、神は助けとうても、争いの念波は神の救いの念波を能《よ》う受けぬ。皇恩に感謝せよ。汝の父母に感謝せよ。…われは全ての総《すべ》てであるからすべてと和解したものの中にのみわれはいる。…われは愛であるから、汝が天地すべてのものと和解したとき其処《そこ》にわれは顕《あらわ》れる》（昭和六年九月二七日夜神示）

谷口雅春はときどき、神示を受けた。ここに掲げた神示はごく初期のものである。そこに、皇恩に感謝せよ、の一句が含まれている。生長の家が最初から、終始一貫、天皇制を擁護する信仰だったことの証拠であるという。

＊

ニューソートは、複数の信仰を束ねたもの。それには、利点がある。

そのうちの信仰の一つが不人気でも、社会的非難を浴びたりしても、残りの信仰がマイナスをカバーして生き延びることができる。

人びとがさまざまな宗派や教団に分断されている場合に、その接着剤となって、人びとの直観を代弁することができる。最大公約数をつくり出す。

戦後日本は、戦前との非連続（断絶）を言い立てる戦後民主主義の言論が席捲《せっけん》した。明るく平和な民主主義の新しい日本が始まりました！　まるでそれまでは、暗黒で、愚かで、見るべきところが一つもなかったみたいだ。こう言われて、納得できない人びとがいる。戦前や戦中の日本をまるごと否定するなんて、あんまり一方的だ。戦後日本は、戦前・戦中の日本と連続しているし、いいところをいろいろ受け継いでもいるのだ。だがその思いは、かならずしも明確な言葉にならない。

それを言葉にするのが、生長の家である。生長の家は、

（1）戦前と戦後が連続していると考える人びとの、最大公約数をつくり出す。

（2）戦前と戦後が連続しているという政治的メッセージ（復憲論）を供給する。

（3）戦前と戦後が断絶しているとする言論に対抗する、保守派として行動できる。

このため生長の家は、政治活動に乗り出していく。

復憲か、改憲か

谷口雅春は、憲法復元論（復憲論）を唱えた。日本国憲法を無効とし、帝国憲法に復帰しようという主張だ。

自民党は、憲法改正論（改憲論）を唱えた。日本国憲法の効力を認め、そのうえで、憲法改正の手続きを踏んで、新しい憲法を制定しようという主張だ。

復憲論も、改憲論も、現行の日本国憲法のままがよいという主張（護憲論）からすれば、似たようなものに見える。どちらも保守派ではないか。でも、復憲論と改憲論ではずいぶんなかみが違う。復憲論のほうが、戦後の言論に対する拒否感（断絶論に対する拒否感）がはるかに激しい、と言ってよい。

＊

元革新官僚で戦後首相も務めた岸信介は一九六九（昭和四四）年、自主憲法制定国民会議を設立し、会長となった。「自主憲法」は、アメリカの主導権でつくられた「占領憲法」「押しつけ憲法」に対し、日本の主導権で自主的に憲法を制定しよう、との意。改憲論の一種だが、復憲論のニュアンスもかすかに漂っている。

復憲論は、非現実的である。

＊

自民党は、一貫して、改憲をうたっている。社会党など革新勢力は、改憲を阻止しようと、国会の議席の三分の一以上を占めることを目標に掲げてきた。有権者もそれを支持した。

復憲論と改憲論が並ぶと、改憲論がまだしも現実的な選択肢に見える。復憲論があまりに非現実的だからだ。だから復憲論には、改憲への拒否感をやわらげる効果があったとも言える。復憲論にも政治的な効用があるということである。

1・4　生長の家の政治活動

生長の家は、ニューソートの教団として出発した。一神教や仏教や神道や、あれやこれやの宗教をごちゃまぜにして、よりどり見どりでおいしいところを解説していればよかった。それがどうして政治に進出して、復憲論を唱えたりしなければならないのか。

生長の家が政治に乗り出す必然を、つぎに考えてみる。

キャンペーン型の教団

生長の家は、特定の教義も儀式もないのだった。葬儀を行なわず、墓地もない。主神や本尊もなく、儀礼もない。ではどうやって、人びとを教団に招き寄せるのか。人びとは、浄土宗や禅宗や日蓮宗の信徒だったり、そのほかの宗教の信徒だったりする。彼らはそこで、必要な宗教活動を行なっている。そこで、生長の家に求めるのは、プラス・アルファの活動である。

生長の家は、何かのイベントを行ない、何かのキャンペーンを行なう限りで、人びとを吸引することができる教団なのである。

＊

最初、それは、病気の治癒であった。

病気が治癒するパターンも、教団によっていろいろだ。ペンテコスタル（二〇世紀の初めにアメリカで始まり、現在世界で五億人の信徒を擁するというプロテスタント系の宗派）は、礼拝のなかで聖霊が降りてきて、病や故障が癒やされる。神道系の新宗教ではしばしば、神が憑依して治癒をはかる。

生長の家は、神の憑依を認めない。《われは霊媒には憑《かか》らぬ。神を霊媒に招《よ》んでみて神が来ると思ってはならぬ。われを招ばんとすれば天地すべてのものと和解してわれを招べ。》（『甘露の法雨』昭和六年九月二七日夜神示）ではどうする。『生命の實相』を読む。そのほか生長の家の書籍や雑誌を読んで、読み抜いて、天地のすべてのものと和解する。病を癒やすのには本を読めばよいのだ。きわめて知的な教団、と言うべきだ。

＊

病気を治療するのは、医学である。

医学は費用がかかる。それに、万能ではない。人びとの医学に対する信頼は限定的だ。そこで、教育の行き渡らない人びとや所得の低い人びとが、呪術や代替医療を受け入れることになる。

ニューソートは、もう少し教育や経済に恵まれた人びとに流行した。だから生長の家も、憑依を否定して、聖典を読み込み、天地すべてのものと和解する（神秘的なわざではなく、自分の思考を転回する）ことを求めた。

ならば、教団の出版物を学ぶことが重要だ。集会所や道場を整備して、聖典を講義したり、学んだりすることが、だんだん教団の活動の中心になっていく。

奉仕もキャンペーン

時局が緊迫してくると、教団はさまざまな活動を設定し、信徒を動員するようになった。橿原神宮造営の勤労奉仕。さまざまな講演会。谷口雅春は、朝鮮、満洲や中国へも何度も足を運んだ。防空訓練。慰問袋の作成。仏教のお寺ではやりにくかった活動もある。教団はさまざまな奉仕のイベントを設定して、社会や信徒の人びとの要求に応えた。

*

教団の施設は空襲で大部分が焼失し、印刷物も用紙不足のため発行が不可能となった。教団は食糧不足解消のため、農地を開墾して、食糧増産に励む、戦災孤児のための保育施設を設ける、などの活動をした。これも、奉仕型のキャンペーンである。

戦後、生長の家は活動が低調だった。人びとは生きるのに精一杯だった。人びとの生活を守るのは、共産党や労働組合。さもなければ、地域で小集団の活動に励むタイプの創価学会などの新興宗教だった。

そうしたとき、谷口雅春は、復憲論を唱えるようになる。それは、すでに紹介したように、戦後民主主義の価値観に立って投稿した青年会のA氏に対する反論として、始まった。そしてだんだん、政治的キャンペーンとしてのかたちを整えていく。

キャンペーンとしての復憲論

復憲論は、政治的な主張である。教団の教えにもとづくとは言え、教団の教えの基本ではなく、応用問題である。よって、ほかの教団の人びとや、一般社会の人びとにも訴えることができる。戦後社会のなかで、生長の家はそうやって居場所を見つけようとした。

＊

谷口雅春が復憲論を、どのように拡大しようとしたか、『私の日本憲法論』の年表に再びよって、時系列を追ってみる。

一九五三（昭和二八）年　一一月『限りなく日本を愛す』所収の「真に日本の平和の基礎となるもの」に加筆し、復憲論を初めて主張する

一九五五（昭和三〇）年　七月　日本開顕同盟設立、マルクス主義に対抗し、生長の家、神社界ほか六〇の宗教団体が結集

一〇月　全宗教界が結集して政党を結成することを提唱（『生長の家』掲載の「明窓浄机」）

一九五六（昭和三一）年　一〇月『解放への二つの道』刊行。「宗教青年にマルキシストの情熱を望む」「宗教の政治化に就いて」を所載

一九五七（昭和三二）年　一月『聖使命』紙で、憲法を正しい姿に戻すための運動を提唱

三月　日本宗教政治連盟（宗政連）結成、七月の参院選に備える

一九五八（昭和三三）年　一二月　日の丸行進、日の丸掲揚運動を提唱

一九五九（昭和三四）年　三月　日本国民会議発足、愛国団体二一団体が結集

一九六〇（昭和三五）年　八月　各地で日の丸擁護会の結成始まる

一九六三（昭和三八）年　四月　全国日の丸連合会（会長吉田茂元首相）結成

一九六四（昭和三九）年　八月　憲法の会発足

八月　生長の家政治連合（生政連）発足

一九六七（昭和四二）年　一月〜四月　生長の家青年会・生政連、憲法復元の署名運動

五月　生長の家青年会、憲法復元・優保法改正の国会請願デモ

谷口雅春は、一九五五年ごろ、宗教団体がいくつも集まって政党をつくることを模索したよ

うだ。たぶん足並みがそろわず、うまく行かなかった。

翌年には日本宗教政治連盟ができた。政党ではなく、寄り合い所帯である。

一九五九年には、日本国民会議ができた。宗教団体ではなく愛国団体の集まりである。

こうした寄り合い所帯や団体の集まりは、特定の運動のキャンペーンや選挙での集票には効果があっても、憲法復元に結びつくわけではない。憲法復元を掲げている限り、生長の家は孤立してしまう、と言ってもよい。

そこで、一九六四年に、生長の家政治連合を発足させた。もっぱら政治運動のための、実働部隊である。これが、生長の家の本体とは別に、独自に活動するようになっていく。

続いた足踏み

生長の家は、小さな教団である。

創価学会は大きい。日蓮正宗《しょうしゅう》の在家信徒団体の一つなのだが、それにしても大きい。独自で政党をつくれるほどである。

それに、創価学会は、本尊もあり葬儀もできる。自分たちだけで完結している。ほかの宗派や教団の人びとを改宗させて、自分たちの教団の信徒とすることができる。だから、急拡大できた。

生長の家は、ほかの教団の信徒が、信徒のまま、生長の家にも参加するというやり方だ。教団の活動がはじめから、イベント型だ。そこでつねに、イベントやキャンペーンを自転車操業のように続けていく必要がある。

＊

生長の家は、専従職員を抱えている。本体組織や、出版部門などの関連組織だ。彼らは、業務量に合わせて、ふだんは人数を絞っているだろう。急にイベントやキャンペーンをする場合に、それを担当するマンパワーが間に合わない。

ボランティアや臨時職員に頼るのも、一つのやり方である。集会やデモ行進など一過性のイベントなら、対応できるだろう。

もう一つのやり方は、ほかの宗教団体や愛国団体と協力することである。外部の資源が動員できる利点があるが、生長の家が声をかけた宗教団体や愛国団体は、しばしばあまり本気でも乗り気でもなかったろう。

生長の家は、こうした状況を突破できず、足踏みを続けていたと言える。できるのは、教団の機関紙や書籍で、復憲論を訴えること、招待講演で、復憲論を取り上げること、がせいぜいだった。谷口雅春には次第に消耗感が募っていたのではないか。

＊

日の丸行進や、日の丸掲揚運動や、紀元節を祝うキャンペーンや署名は、憲法復元に比べてもう少し軽めの運動だ。呼びかけるのも簡単だし、手応えもある。こういうキャンペーンもやりながら、本命である復憲論をずっとあたためていたのが、この間の生長の家だったのではないか。

なぜ「生政連」ができた

生長の家の信徒に「憲法を復元しましょう」と呼びかけても、すぐに応援が得られるわけではない。

生長の家は、ニューソートが原点である。さまざまな信仰の寄せ集めである。日本国憲法がいいと思っている人びとも多い。組織の「締めつけ」が効く仕組みになっていない。人びとは自分の信仰を基盤に、総裁の谷口雅春がいいことを言うから、生長の家はプラス・アルファのいいところがあるから、集まっている。そこに谷口が「復憲論」を唱えても、それは谷口総裁個人の考えでしょう、とやり過ごされるかもしれない。

＊

「復憲論」の賛同者は、生長の家のなかよりも、外に多くいるだろう。それらを結集しない限り、憲法復元の運動を盛り上げることはできない。

恒常的に、生長の家の外に向けて、政治的メッセージを送り続けるためには、生長の家の教団組織とは別に、専従の人びとの組織が必要だ。これが、一九六四（昭和三九）年八月二八日に結成された「生長の家政治連合」（生政連）である。

これ以後、新左翼の学生運動の高まりに張り合うようにして、生長の家青年部を中心とした政治部門の活動が目立つようになる。

生長の家の政治部門

生長の家の政治部門は、事業本部のようなものである。

生長の家の宗教活動と、生長の家の政治活動は、異なる原理によるもので、一体で行なうのが困難だった。その理由は、こう考えられる。

生長の家本体の宗教活動は、ニューソートの原則にもとづいている。仏教の各宗派の門徒や神道各派の信徒、新興宗教の信徒の人びとに対して、「よい教え」を提供する。その教えは、あらゆる宗教を「習合」したものだから、生長の家に参加する人びとは、もとの所属（宗派や神社や教団）を離れなくてよい。その教えにすべて賛成しなくてもいい。つまみ食いでもかまわないのが、生長の家の教えである。

これは生長の家が、信徒の考えをコントロールする力がない（コントロールする気がない）ことを意味している。信徒をコントロールしたければ、イベントやキャンペーンを行なって、それに進んで自発的に参加した人びとに必要な指令を発する場合に限られる。その場合には、参加している人びととの合意がある。

それに対して、政治活動は、ある認識を共有し、ある目標の実現を求めて、人びとが団結して行動することである。署名であれ集会であれデモ行進であれ、選挙活動であれ、人びとの行動を通路づけることが必要だ。このやり方は、生長の家の宗教活動と、そぐわない。原理が異なる。

だから、谷口雅春が復憲論という政治的主張を持ち、運動を進めようと本気で思えば、それを生長の家の本体と切り離し、独立した事業本部のようにしたのは、必然的な流れだったと言える。

日本青年協議会と反憲学連

生長の家の政治部門は、増改築を繰り返す日本旅館のように、複雑なでき方をしている。それを、菅野完《すがのたもつ》『日本会議の研究』も参考にしながら、整理してみよう。菅野氏のこの著書は、生長の家の政治部門とその人脈が、日本会議の裏方になっていった実態を明らかにした、貴重な書物だ。

一九六六（昭和四一）年　生長の家学生会全国総連合（生学連）結成　…信徒の子弟からなる
一九六七（昭和四二）年　長崎大学学生協議会（長大学協）結成、椛島有三議長
一九六八（昭和四三）年　九州学生自治体連絡協議会（九州学協）結成
一九六九（昭和四四）年　全国学生自治体連絡協議会（全国学協）結成　…民族派学生セクトが集まった全国組織。全国全共闘に対抗した
一九七〇（昭和四五）年　日本青年協議会（日青協）結成　…全国学協のOB組織であった
一九七三（昭和四八）年　日本青年協議会、全国学協から除名処分を受ける
一九七四（昭和四九）年　日本青年協議会、反憲法学生委員会全国連合（反憲学連）を結成

日本を守る会結成　…元号法制化運動の取り組みを開始

一九七七（昭和五二）年　日本青年協議会（書記長椛島有三）が日本を守る会の事務局に入る

長崎大学で、新左翼の学生セクト（社青同など）がキャンパスを占拠していたのを、生長の家の学生グループが奮闘の末、解除することに成功する。彼らはその後、長崎大学学生協議会（議長・椛島《かばしま》有三）を結成した。それが九州から全国に広まって、一九六九年には、全国の連絡組織（全国学協）が成立した。生長の家の学生のネットワークが役に立ったのは言うまでもない。

翌年には、全国学協のOB組織として、日本青年協議会（日青協）ができた。生長の家のメンバーが主体の、社会人の組織である。

その後、全国学協は路線をめぐって内部で対立した。そのあおりで、日本青年協議会は、一九七三年に全国学協から絶縁されてしまう。そこで日本青年協議会は翌年、新しい学生組織として、反憲法学生委員会全国連合（反憲学連）をつくる。生長の家学生会があるが、それは宗教活動を行なう教団の学生組織。反憲学連は、政治運動に特化した別組織である。

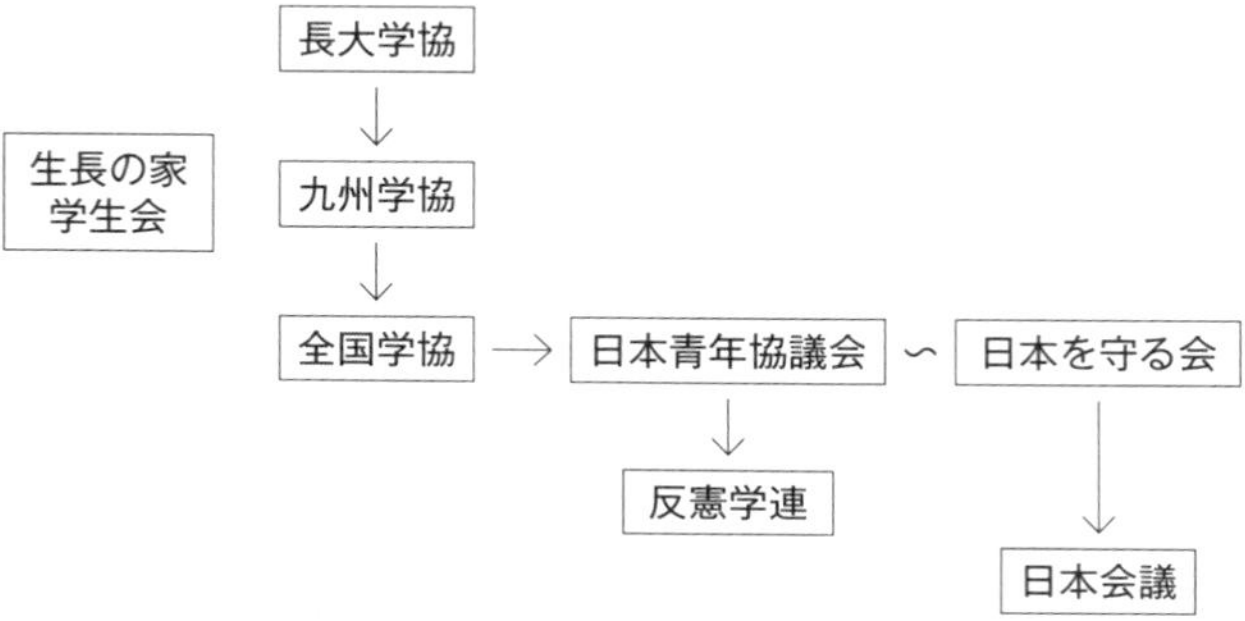

生長の家本体は、学生の政治運動を　かならずしも支持しなかったともいう。

日本青年協議会は、生長の家からスピンオフした政治運動体として存続し、やがて日本を守る会の事務局を担当するようになった。

これを、わかりやすく図にまとめてみると、上のようである。

政治部門と谷口雅春

谷口雅春から、生長の家の政治部門はどう見えていたのだろうか。

以下は、想像である。

日の丸行進、元号法制化、優生保護法反対、選挙の応援…。運動を効果的に進めている点では、評価していたに違いない。

谷口に比べればずっと若い戦後世代だが、生長の家の教えにもとづいて、着実な政治運動を展開する。企画力も組織力もある。学生運動の洗礼を受けていて、メリハリがある。運動の若い幹部らに対して、信頼もあったはずだ。

けれども同時に、生長の家の教団本体との、体質の違いも意識するようになっただろう。生長の家は、ようやく混乱期を乗り越え、戦後の教団としてのかたちを整えた。教団の組織や財政からすると、新しくできた政治部門は、専従職員がいて活動経費もかかる。宗教活動ではないので、寄附や収益がすぐ見込めるわけではなく、言うならお荷物である。教団本部の職員は、谷口総裁のお声がかりだから仕方がないが、あまり勝手をしてもらっても困る、と思っていたかもしれない。谷口雅春もそれを気にしながら、政治部門に指示を与えざるをえない。

いつまでも復憲なのか

もう一つ、谷口雅春と政治部門との齟齬《そご》がありうるとすれば、本気で復憲を考えているのか、それとも、政治のかけひきで考えているのか、の違いかもしれない。

谷口雅春は、自分の信仰と思索と体験にもとづいて、憲法復元論にたどり着いた。そう考えることには、必然がある。そしてそれが、戦後の言論のなかで独特の位置を占めることは、すでに見たとおりだ。

思想の表現としては、これでよいのかもしれない。だが、政策としては、あまりに非現実的だ。人びとのあいだに、支持が広がらない。学生運動の波をかいくぐってきた政治部門のメンバーは、その手応えのほどをよくわかっている。復憲がそのままのかたちで実現することはないと、見切っているだろう。政治は、人びとの多数を形成し、人びとの意思決定を支配することを目標とする。ならば、復憲論を、それとよく似た次善の選択肢で置き換えることを、考えないわけにはいかない。

＊

どうしても復憲論でなければダメなのか。谷口雅春と政治部門のメンバーとのあいだで、そうした議論と検討が繰り返されたはずだと思うが、どうだろうか。

復憲／改憲／反憲

時間的な前後関係を整理してみる。

復憲論　一九五三（昭和二八）年一一月『限りなく日本を愛す』所収の「真に日本の平和の基礎となるもの」で、谷口雅春が初めて主張

改憲論　一九六八（昭和四三）年一月　《…何とかこの病根たる現行憲法の改定を願はずにはゐられない…》（『憲法の正しい理解』一二九頁）

反憲論　一九七四（昭和四九）年三月　日本青年協議会が、反憲法学生委員会全国連合（反憲学連）を結成

生長の家は一九五三年このかた、復憲論を唱え続けてきた。若い世代の人びとによる政治部門が活発になってから、憲法「改正」の文字が現れ始める。一九七一年一〇月一八日には岡山市で「正統憲法復元改正全国大会」を開き、谷口雅春が講演している。

＊

憲法改正は、自民党が一九五五（昭和三〇）年の結党時から掲げている党是で、ずっとありふれた主流の言説であった。「護憲」／「改憲」が組になる対立であることは、誰にでもわかる。それは、谷口雅春も理解している。だが谷口は、復憲にこだわった。谷口は最後まで、改憲（憲法改正）を受け入れられなかったのではないか。

生長の家の内部の会合であれば、それでよい。けれども、生長の家の政治部門は、元号法制

定やら優生保護法反対やらの運動を進めるのに、ほかの宗教団体や政治団体と協力する。その準備の下相談は、政治部門の人びとに任せなければならない。復憲では理解されにくい、憲法改正のほうがずっとわかりやすい、が現場の感覚だろう。だから、政治部門の担当者は、「谷口総裁、憲法復元ではなくて、改正でもいいですか」みたいに打診することになろう。一九七一年に岡山で開いた「正統憲法復元改正（改正！）全国大会」は、そんな苦労のワーディング（言葉選び）ではないだろうか。

ちなみに、一九六八年一月発行の『憲法の正しい理解』は、副題として、「憂ふべき青少年の現状のその奥にあるもの　自主憲法の制定は可能であるか」とうたっている。なかみは従来の復憲論がのべてあるばかりで、自主憲法の議論ではない。一二九頁の「改定」に言及する文章も、本の最後の最後で取って付けたようである。編集の大詰めで、無理やり押し込んだように見えてしまう。

＊

「反憲」は、学生運動用語としてつくられたものだろう。

「反××」はよくあった。革マルは「反帝反スタ」を掲げた。反帝国主義、反スターリン主義である。社青同解放派の学生組織は、「反帝」学評だった。社会人の新左翼系反戦組織は、「反戦」青年委員会だった。「反米」「反共」もよく使われた。

「反憲」は、あまり聞かない言い方だが、憲法に反対しているという意味はすぐわかる。そして、「護憲」ではないということもわかる。

日本青年協議会は、全国学協と絶縁したので、自前の学生組織をつくらなければならなくなった。それを「反憲」学連にしよう。生長の家のこれまでの政治的主張からいえば「復憲」であるが、政治的主張としては「反憲」のほうが通りがいい。復憲と改憲の上位概念です、と説明もできる。復憲ではなく「反憲」で行きます、と生長の家に相談したか、見切り発車だったかわからないが、政治部門である日本青年協議会が、独自の判断と行動を取り始めたと想像される。

＊

こうしてだんだん、復憲は棚上げされていく。そして同時に、戦前からの生長の家本体（谷口雅春）と戦後世代の政治部門（日本青年協議会）とは、別々の実体になっていく。

1・5　生長の家ギャングと日本会議

生長の家の代替わり

生長の家は、創始者で総裁の谷口雅春と一体のように、存在していた。主要な教理書は『甘露の法雨』も『生命の實相』も、谷口雅春の著作である。谷口雅春は、霊的な体験をする人物で、そのときどきの「神示」を『甘露の法雨』にまとめている。戦前の軍国「右旋回」も、戦後の「復憲」路線も、谷口雅春がレールを敷いた。

その谷口雅春が、一九七八（昭和五三）年に一線を退き、一九八五（昭和六〇）年に死去した。生長の家教団は、雅春の娘婿・谷口清超《せいちょう》が代わって総裁となり、現在はその次男の谷口雅宣《まさのぶ》が継いで、三代目（孫の代）となっている。清超は教団の路線を転換し、従来の政治活動から一切手を引き、環境やエコロジーに重点を移している。

＊

それにともなって、生長の家の政治部門は、本体から独立して、独自の運動体となった。

その運動を担った人びとを、「生長の家ギャング」と呼ぶことにしよう（ギャングは、仲間たち、という意味の言葉で、悪いニュアンスはない。念のため）。彼らの思想と行動を追いかけてみる。

長崎大学から始まった

生長の家ギャングが、生長の家の学生運動を振り出しに、民族派右翼を経て、日本会議の中核メンバーを占めている。この、とても重要な事実を、菅野完『日本会議の研究』が初めて明らかにした。本書は、菅野氏の仕事に多くを負っている。

同書によると、生長の家の若手信徒だったキーパーソンはつぎの人びとである。

伊藤哲夫　一九四七年生まれ。新潟大学卒業。日本政策研究センター代表
椛島有三　一九四五年生まれ。長崎大学中退。日本会議事務総長
衛《え》藤《とう》晟《せい》一《いち》　一九四七年生まれ。大分大学卒業。自民党の参議院議員
百《もも》地《ち》章《あきら》　一九四六年生まれ。静岡大学卒業。日本大学名誉教授、憲法学者

高橋史朗　一九五〇年生まれ。早稲田大学卒業。明星大学教授など。教育学者
安東巌　一九三九年生まれ。長崎大学卒業。生長の家政治局政治部長などを務めた

彼らがどのように、生長の家の政治運動と関わったのか、みよう。

＊

椛島有三と安東巌が長崎大学に入学した当時、学生会館の管理問題をめぐって新左翼の反帝学評がバリケードを築くなど、大学は荒れていた。椛島、安東らは一般学生を組織し、自治会選挙に勝利し、長崎大学を正常化させた。大変な苦労があった。彼らはその後、長崎大学学生協議会（長大学協・椛島有三議長）を結成、彼らのやり方は「学協方式」と呼ばれ、九州に、そして全国に広まって行った。

小田村寅二郎「日本の大学の明・暗二題」（『民主公論』昭和四三年三月号→日本青年協議会編『日本の歴史と文化と伝統に立って——日本青年協議会結成三十周年記念出版』二九—三八頁）に、長崎大学での彼らの活動の詳しい記録があるので、要約して紹介しよう。

立ち上がった教養学部の学生十数名は、まずビラの内容に注目し、社青同、民青、自治

会幹部のビラのファクト・チェックを行なった。ちょうど、社青同の女子学生五名が女子寮に不法入居して退去命令に従わない事件があった。殴る蹴るなど調査の妨害を受けながらも、ビラの主張がでたらめであるとの調査をまとめ、教養学部学生に訴えた。そして自治会の委員長選挙に立候補し、圧倒的な大差で当選することができた。

これを足場に、学生会館の問題に取り組んだ。ここでも《現状分析についての驚くべき緻密な取り組み》(三二五頁)が発揮された。まず日本中の学生会館をリストアップし、数人ずつ手分けして現地に赴き調査した。旅費が足りず野宿もした。こうして全国の学生会館の規定を集め、それをもとに自校の学生会館の規定の素案をつくった。それを教養学部の学生に諮ったあとで、大学に提出した。その案はほぼそのまま、教授会を通過し、教養学部だけの単独使用が開始された。他学部の学生も使い始め、学生会館問題を解決してしまったのである。

これは学生としては、ただならぬ力量である。学生運動に悩まされていた他大学が、モデルにしたのは無理もない。

安東巌の信仰

安東巌は椛島有三よりも、年上である。

安東は、佐賀県の出身。高校二年生のとき肺動脈弁狭窄症《きょうさくしょう》を発症、学校に通えず七年間寝たきりとなった。長く寝ていたせいか、次第に手足も硬直し動かなくなった。家は貧しく、次第に母を恨むようになった。そんなときたまたま『生命の實相』を読み、「人間神の子、本来、病なし」の教えを心底から悟った境地に達して、病状がやや改善した。生長の家の講師から指導を受け、親への感謝がなければ病は癒えない、と諭された。すると歩けるようになり、生長の家の活動にも参加できるようになった。

安東の病の話を、谷口雅春は、『生命の實相講義』で紹介している。

安東は、霊的な神秘体験を得て生長の家の信徒となった。そして高校に復学し、長崎大学に入学したのだった。

＊

当時は、新左翼セクトの全盛時代で、大学の自治会はどこも新左翼のどこかのセクトか、さもなければ民青が占めていた。民青は、日本共産党系の民主青年同盟である。全学連が、革マルの全学連、民青の全学連、三派全学連、と三つもあった。ちなみに三派とは、中核派、社青同解放派、社学同の三つである。団塊の世代の大学生のあいだでは、マルクス主義が圧倒的な影響力を持っていたのだ。

それに対して、生長の家のような宗教を背景にした学生たちのグループは、圧倒的な少数派だった。

マルクス主義は、唯物論で、無神論である。生長の家は、人間を神の子と考える。とりわけ安東巌は、親が生長の家の信徒だからというぬるい二世とは違って、信念と人格をかけてマルクス主義と対決した。この火の出るような精神の闘いの経験のなかから、生長の家の政治部門が立ち上がってくる。

全国学協の結成へ

椛島有三、安東巌らが結成した長崎大学学生協議会（長大学協）は、生長の家の青年信徒を核とする学生運動の組織だった。

大分大学の学生だった衛藤晟一は、これに倣って、大分大学の「正常化」を実現しようと奮闘した。

こうした運動を踏まえて、九州学生自治体連絡協議会（九州学協）が結成された。委員長・椛島有三、副委員長・衛藤晟一である。

さらに各地に同様の組織が結成されていった。そしてついに全国学生自治体連絡協議会（全国学協）が結成された。一九六九（昭和四四）年のことである。

＊

翌一九七〇（昭和四五）年、全国学協の社会人組織として、日本青年協議会（日青協）が設立された。学生組織のうえに、それを指導する社会人組織があるのは、左翼運動のパターンである。学生のとき左翼運動に加わり、卒業しても就職しないで職業革命家をめざす人びとは、社会人組織のメンバーとなるのだ。

日本青年協議会は、生長の家の組織そのものではないが、生長の家の政治活動にとって重要だった。運動の中心となって、さまざまな団体に働きかけることができたからだ。

安東巌の恐ろしさ

安東巌が鈴木邦男を放逐した事件がある。安東の恐ろしさがわかる出来事として、『日本会議の研究』が紹介している。

早稲田大学では一九六五年に、全学ストライキに突入した。授業料値上げ反対を求めるストライキで、新左翼の各派が主導した。それを「正常化」するのに、鈴木邦男らの早稲田大学学生有志会議（有志会）が貢献した。

鈴木邦男は生長の家の熱心な信徒で、武闘派で有名だった。一九六九年五月に「全国学協」が結成されると、初代委員長に選ばれた。地方の大学で地道な活動を積み上げてきた安東は面白くない。鈴木の身辺を探らせ、マイナスの材料を集めた。それを根拠に、六月に中央執行委員会で、鈴木を委員長から解任した。鈴木は結局、生長の家と縁が切れて、三年後に民族派右翼の団体・一水会《いっすいかい》を旗揚げする。

＊

全国学協には、安東や椛島が左翼の学生運動と闘いながら築いた、理論や組織があった。この財産が、のちのちの彼らの活動に活きている。

三島由紀夫の自決

一九六八（昭和四三）年一二月一日、東京の乃木《のぎ》会館で、東京都学生自治体連絡協議会（都学協）、関東学生自治体連絡協議会（関東学協）、の合同結成大会が開かれた。三島由紀夫が「日本の歴史と文化と伝統に立って」と題する講演を行なった。講演の全文は『祖国と青年』二六六号（二〇〇〇〈平成一二〉年一一月）に載っている。日本青年協議会結成三〇周年記念の、日本青年協議会編『日本の歴史と伝統と文化に立って』（二〇〇一＝平成一三年四月）に再録されている。

講演を読んでみると、興味深い。三島は言う。左翼の学生は、未来によりよい社会を夢想する。それも極端に。市井の人びとはささやかな未来しか考えないので、必ず論争に敗れてしまう。しかし未来など、実はどこにもない。人間はいまここに生きているもので、それを歴史と伝統と文化が支えている。天皇が支えている。そうやって生きるとき、未来は開けるのだ。特攻隊の隊員は、後生を信じると言った。後生は未来ではない。私は未来は信じないけれども、後生は信じる。その覚悟を持って、これからの戦いをやって行きたい。

＊

こうのべた三島由紀夫は二年後、市ヶ谷で自決を遂げる。

この事件は、当日の講演を聴いた人びとはもちろん、生長の家の関係者に大きな衝撃を与えた。「憲法に身体をぶつけて死ぬ奴《やつ》はいないのか」と叫んで、三島は命を絶った。戦後の憲法をずっと問題にしてきたのは、生長の家だ。しかも、市ヶ谷での決起に加わった五名の楯《たて》の会の会員のうち、小賀《こが》正義《まさよし》、古賀浩靖《ひろやす》の二名は生長の家の信徒だった。生長の家の政治部門は、これを重苦しい宿題として抱え続けることになる。

ギャングの歩み

生長の家の人びとのその後の歩みを、菅野完『日本会議の研究』ほかから追ってみよう。

安東巌は、大学卒業後生長の家の専従職員となり、青年会副会長、政治部門の責任者（政治局政治部長）などを務めた。話がうまく、内部での講師も長く務めた。

椛島有三は、実務能力にすぐれ、日本青年協議会で『祖国と青年』を編集し、日本会議が設立されると事務総長を務めた。

伊藤哲夫は、大学卒業後生長の家の専従職員となり、青年会中央宣伝部長などを務めた。一九八四年には日本政策研究センターを設立し、代表に就任した。

彼ら三人は、いずれも、生長の家の教団組織に属しながら、キャリアを形成していった。

政治活動から撤退

生長の家の政治部門はずっと、活発に活動を続けた。

ところが、谷口雅春が引退するとまもなく、生長の家は一切の政治活動から撤退した。二代の総裁・谷口清超は、初代の雅春と考え方が違ったのだ。一九八三（昭和五八）年一〇月に、生長の家政治連合と、生長の家政治連合地方議員連盟の活動を停止。方針の大転換である。

＊

撤退の前、生長の家は活発に活動して、玉置和郎《たまきかずお》、村上正邦ら有力な自民党議員を擁していた。村上正邦は政治を志すなかで玉置和郎と知り合い、生長の家に入信、生長の家政治連合の専任職員となった。一九七四年、日本を守る会（昭和天皇在位五〇年奉祝の提灯《ちょうちん》行列を組織するなどした）の事務方を仕切っていたとき、実働部隊として、同じ生長の家系の日本青年協議会（委員長・衛藤晟一、書記長・椛島有三）を引き入れた。これがのちの日本会議の源流になる。村上正邦は、参議院議員として当選を重ね、のち参院のドンと呼ばれた。

＊

これは、教団組織のリストラでもある。生長の家の政治部門の専任職員だった人びとは、転職しなければならない。

伊藤哲夫は、生長の家が政治活動から撤退した翌年の一九八四年、日本政策研究センターを設立して代表となった。以後、さまざまな出版活動を通じて、政界への影響力を強め、安倍政権のブレーンと言われるまでになった。

混乱と分裂

生長の家の方針転換にともなって、内部での対立や、組織の分裂もあった。

谷口雅春の本来の教えに従おうというグループは、生長の家の本体と分かれて、「谷口雅春先生を学ぶ会」を組織し、機関誌『谷口雅春先生を学ぶ』を刊行している。菅野氏はこのグループを、「生長の家原理主義」と名づけている。

伊藤哲夫の力量

菅野完『日本会議の研究』が紹介しているが、伊藤哲夫に『憲法はかくして作られた』という著作がある。二〇〇七年、日本政策研究センターから出版された冊子だ。そして実は、これは一九八〇年に生長の家本部政治局から出た『憲法はかくして作られた』とまったく同じ、リプリントなのである。二〇二二年にも再刊されているようなので、よほど内容に自信があるのだと思う。

この冊子を読んでみた。文章は端然として、議論も淀《よど》みがない。それまでにさまざまな研究書が出ているのを、切り貼りしているのに違いはないが、その手際が見事である。日本国憲法の制定のプロセスが、冷静に客観的に描かれている。学術的な作品として見ても価値があると思う。一九八〇年と言えば、伊藤哲夫は三〇代前半。かなりの力量である。

そして、復憲論はひとことも出てこない。この文章は、総裁の谷口雅春に見せたはずだ。妙に忖度《そんたく》して谷口雅春の意向に沿おうというところがない。復憲論のままでよいのだろうか、と問いかける深慮が感じられる。

＊

二〇一七年の時を経て、同じ著作を再刊する。内容に自信がある。伊藤哲夫の仕事がこのクオリティーだとすると、日本政策研究センターが政界で一目置かれ、安倍首相の信頼が厚かったとしても当然である。

復憲から改憲へ

伊藤哲夫は、復憲から改憲に踏み出すことで、政策提案の大きな自由度を手に入れた。

伊藤が復憲をあきらめ改憲で行くべきだという手応えを得たのは、一九八〇年に冊子『憲法はかくして作られた』をまとめた時期より前だと思う。この冊子は、生長の家が連携を取ろうとするさまざまな団体の人びとに向けたものである。彼らの多くは復憲論をとっていない。だからこの冊子は、復憲論のひとでも改憲論のひとでも、護憲論のひとでさえも読めるように、ニュートラルな考察だけが書いてある。これを読んでふつふつと、復憲への情熱、改憲への情熱が沸き上がってくるかどうかは、読者の側の問題である。

＊

日本政策研究センターが、なぜ改憲なのかを説明している。

二〇一五年八月、日本政策研究センター主催で「第四回『明日への選択』首都圏セミナー」が開かれたときのこと、聴衆が質問した。「改憲の優先順位はわかった。だが、明治憲法復元のため長年運動してきたこととの関係はどうなるのか？」、これに対する答えは、つぎのようだった。「最終的な目的は明治憲法の復元だ。だが、いきなり合意をうるのはむずかしい。だから、合意をえやすい条項から改正をつみ重ねていくのだ」（『日本会議の研究』一八五頁）。

最終目標が復憲だとして、改憲を小刻みに重ねていって、同じ効果があがればいいではないか、という考え方である。こうすれば、復憲論は、小出しの改憲論に置き換えられる。谷口雅春が、納得するとは思えない。だがもう、彼はいない。

＊

生長の家ギャングの人びとや日本青年協議会が、復憲から改憲に、舵《かじ》を切ったのは何がきっかけだったか。

葦津珍彦《あしづうずひこ》の講演だったという。

葦津珍彦は思想家で神道界の指導的存在。一九七四（昭和四九）年七月の「生長の家大学生合宿」で講演を行なった。タイトルは「維新か革命か——国家の精神的基礎と現下の憲法問題——」。同年の『祖国と青年』一七号四—三〇頁に掲載された。日本青年協議会（編）［二〇〇二］にも再録されている。

葦津は言う。日本国憲法は、国体を変更したのか。金森徳次郎大臣ら改正を進めた当局の立場は、国体は続いている、である。帝国憲法の改正手続きに従っているし、日本国憲法の条文も歴史と伝統があることを認めている、がその論拠である。いっぽう、国体は変更された、との論もある。要するに、この点はあいまいである。同じ条文、同じ憲法でも、正反対の読み方ができるのだ。

ではどうする。いまの憲法がある限りいまの政府は認めない、と言うのは、明快だが、青年の論である。かりに一〇〇〇万人がそう考えても、現実は動かないだろう。

革命ではなく、維新をめざしなさい。桜田門の志士は、反幕討幕をいわず、ただ幕府に忠勤尊皇を求めた。その先に、維新があった。維新があって、そのあと憲法がやって来る。改憲の目標はあってよい。だが、現憲法下でも一歩一歩前進しなければならない。あいまいな憲法であっても、《私は、日本国体の線で、ぎりぎりの線までこの憲法の枠内においても、国体的な方向に進むべきであると思う》(二七頁／一一八頁)。

葦津はこのように説いた。この講演が、人びとに大きなインパクトを与えた。

＊

反憲学連中央理論局(編)の『天皇』(一九七九年)は、葦津講演について証言して、こう言う。

《当時、神聖天皇恢復《かいふく》の為に採られてゐた方策は、帝国憲法への復元改正であった。…吾々がそれに向けた啓蒙《けいもう》運動を展開してゐる間に、現憲法は、制定当初の解釈内容から、驚嘆する程に左翼的解釈へと変質せしめられてしまつた。葦津氏はそれに対する厳しい総括をする中から、単なる占領憲法への悲憤慷慨《こうがい》のみの批判運動を改め、不満足ではあるけれども、現在の憲法を、国体を守る立場から解釈し直していく事こそが吾々の採る道であるとして、反憲的解釈改憲の運動を提起されたのである》(二五四頁)

七〇年代の後半に、「反憲的解釈改憲」へ舵が切られた。

解釈改憲への伏線

だが、この証言を真に受けてよいものだろうか。

若い生長の家の信徒が、谷口総裁の言うまま素直に、復憲の運動を進めていた。一九七四年に、たまたま葦津珍彦の講演を聴き、それがきっかけになって、復憲ではなく解釈改憲だと目覚めた。話ができすぎている。そのとおりに講演で目覚めた人びともいたことだろう。だが、誰かが講演を準備し、葦津珍彦を講師に呼ぼうと企画したのではないか。それは、葦津がこういう内容の講演をするはずだ、と予想したからではないか。

生長の家ギャングは、復憲から改憲への転換を狙っていた。ただ、自分たちが言い出したのでは、谷口総裁の壁を突破できず、了解も得られない。そこで、葦津珍彦を表に立てたのではないか。

＊

復憲（憲法復元）論についての疑問は、里見岸雄『日本国の憲法』（一九六二年）ものべてい。里見は、戦後ほとんど忘れられているが、戦前、戦中は国体論の第一人者として言論界である重きをなしていた。

《…日本国憲法の破棄宣言とか、無効宣言とかを政府なり国会なりが中外に宣言することは、事実上不可能に属すると判断される。…国家として無効宣言を行ふといふことは到底期待しえないと断言して誤りではなからう。無効論…に固執するならば、実際的には却って日本国憲法を永存せしめるに過ぎない結果となるだけであらう》（三六三頁）

復憲をめざして、当時運動していたのは、生長の家である。この部分は、生長の家の谷口雅春にあてて、書かれたものに違いない。

さて、里見のこの議論は、生長の家中央国家対策委員会（編）『憲法問題に対するわれらの基本的立場』（一九六五年）の、三八頁に引用してある。復憲論が非現実的で、かえって日本国憲法を利するものだという議論は、葦津講演より一〇年も前に、生長の家の政治部門の人びとには知られていた。

この観点が踏まえられ、部内で議論されつつ、復憲運動が進められていた。

里見論文は、復憲論は非現実的で、未来がないと言う。ただ、ではどうすればいいかという提言がない。それを、こうしろと積極的なかたちで打ち出したのが、葦津講演ではなかったのか。

元号法制化

こうした復憲から解釈改憲への流れで、元号法制化を考えることができる。

元号は、旧皇室典範のなかに規定があった。憲法改正にともなって定められた新皇室典範では、元号の規定がなくなった。そこで、一九七九(昭和五四)年に国会で元号法が採択され、元号に法的根拠が与えられた。

元号にもともと法的根拠があったのが、戦後なくなった。それに再び、法的根拠ができた。この流れは、法改正による復憲の考え方そのものである。皇室典範は憲法本体ではないので、ぴったりあてはまるわけではないけれども。

＊

元号法制化は、憲法改正と違ってハードルが低い。それに、昭和天皇の代替わりを考えなければならず、法律の必要が理解されやすかった。

元号法制化運動が始まったのは、一九七七（昭和五二）年ごろのこと。保守派の団体がその必要を訴えていたが、自民党すらあまり積極的でなかった。そこに「日本を守る会」が動き出す。事務局には村上正邦がおり、日本青年協議会から椛島有三も加わった。椛島は、運動の進め方について、こうのべる。

《この法制化を実現するためには、…全国津々浦々までこの…必要を強く訴へていき、…グループを作りたひ。そして…県議会や町村議会などに法制化を求める議決をしてもらひ、この力をもって政府・国会に法制化実現をせまらう》

（神社本庁時局対策本部編　一九七九『伝統回帰への潮流――元号法制化運動の成果』↓『日本会議の研究』四七頁）

この作戦により、運動を始めてわずか二年で、元号法制化が実現した。生長の家の政治部門が蓄積した運動のノウハウが、活かされたということだ。日本会議の運動方式の、そして憲法改正の、予行演習である。

日本会議とは何か

「日本会議」が結成されたのは、一九九七（平成九）年五月。「日本を守る会」と「日本を守る国民会議」が合同してできた。日本会議国会議員懇談会、日本会議地方議員連盟、日本女性の会、美しい日本の憲法をつくる国民の会、など多くの関連団体がある。

「日本を守る会」は、一九七四（昭和四九）年に結成。「日本を守る国民会議」は、一九七八（昭和五三）年にできた「元号法制化実現国民会議」を改組してできたものである。

＊

組織は、都道府県ごとに本部を置き、その下に支部を置く。本部には専従職員が配置されている。事務総長は、椛島有三。事務局は、生長の家（本流系）の人びとが集まっている。

日本会議には、宗教団体が多く集まっている。たとえば、神社本庁、靖国神社など神社神道系、黒住教など教派神道系、天台宗など仏教系、霊友会、モラロジー研究所、などである。政治活動を停止した生長の家は加わっていない。

創価学会でも、大手の新興宗教でもなく、統一教会でもない、そのほかの宗教が政権与党とつながりをつくりたくて集まっている、という印象を受ける。

＊

たくさんの団体がまとまった組織は、一つひとつの団体の影響力が小さくなる。それにひきかえ、事務局の力が強くなる。この組織構造は、生長の家ギャングの政治力を、増幅するメカニズムとしてちょうどよい。このことを彼らは、全国学協や日本青年協議会や、元号法制化実現国民会議で学習してきたはずだ。

日本会議の政治課題

日本会議の本質は、選挙の集票組織である。そして、政権与党（自民党）に対して、選挙支援と投票をひきかえに、特定の政策の採用を迫る。さまざまな団体の寄せ集めだから、政策も多岐にわたっている。たとえば、

- 皇位の継承は男系で
- 憲法改正（国防軍、緊急事態、家族など）
- 正しい歴史教科書
- 親学

・ジェンダーフリーの行き過ぎ反対
・夫婦別姓反対
・国旗国歌法
・有事法制

などである。

＊

さまざまな団体の寄せ集めだから、さまざまな思惑が行き交う。

ある団体は、ある課題にだけ熱心かもしれない。その課題がリストに入っているから、日本会議につき合っている。その課題の署名運動やキャンペーン集会には、積極的に参加する。あとは、適当につき合う程度かもしれない。選挙のときには、その課題に熱心な候補者を支援する。

別な団体は、いくつもの課題に関心があり、まんべんなく参加し、選挙ではいつも熱心に自民党を支持するかもしれない。

それを束ねる日本会議の事務局は、束ねる能力によって自分を売り込む。どの団体も、束ねられることで価値が高まる。日本会議は、いくつも団体を束ねていることで価値が高まる。自民党は、いちいちの団体につき合わなくても日本会議が窓口になっているから、手間が省けて票が集まり、助かる。日本会議のシステムの特徴は、事務局が有能であることにかかっていると言える。

日本会議の事務局は、生長の家ギャングの人びとが担っている。

このポイントは、生長の家の本体が、方針を転換しもう政治活動からは撤退していて、日本会議に参加していないことだ。生長の家ギャングは、生長の家の利害を代表していない。それどころか生長の家ともう無関係で、反目し合ってさえいる。このことによって、生長の家ギャングは、ほかの団体を束ねるにふさわしい、「超越的」な位置に立つことができた。しかも、組織論や運動論のスキルを持っている。これが、日本会議という寄せ集めの所帯が成功している一つの要因である。

日本会議の政治力

日本会議はこうした集票力を背景に、政治家（候補者）に対して、自民党に対して、そして政権に対して、大きな影響力を持つ。

これは民主主義にとって、正しいことなのだろうか。よいことなのだろうか。

正しいことでも、よいことでもない。

*

民主主義の原則から考えてみると、それがわかる。

このことは、十分に理解されていないようなので、本書の結論でしっかりのべたい。ここでは簡単にのべよう。

民主主義の原則は、有権者の意思によって政治を動かすこと。選挙の投票によって、議会に代表を送り、議会を構成することだ。有権者は一人ひとり対等であって、どのひとりの投票も同様に尊い。それは、有権者が自分の信念と良心に従って、投票するからである。

投票は、一人ひとり独立であり、独立であるべきである。

よって、「組織票」が存在することは、民主主義を脅かす。

*

共産党の人びと、そのほかの政党の人びとが、その政党の候補に投票するのは、問題ない。政党は、人びとが任意に加入するもので、その人びとは政治的信念と良心によってその政党を選んでいるからである。

労働組合の人びと、業界団体の人びとが、組合や団体の支援する候補にまとまって投票するのは、好ましくないかもしれないが、問題が少ない。労働組合や業界団体は、一定の利害にもとづいて存在すべき団体で、それぞれの政治的要求を持っているからである。

これに対して、宗教団体の人びとが、その支援する候補にまとまって投票するのは、問題が大きい。政教分離の原則から言って、あってはならないことである。

＊

日本会議は、さまざまな宗教団体の人びとが、日本会議の指示によって、日本会議の支援する候補にまとまって投票することを前提にする。それが、日本会議の集票力である。有権者一人ひとりの投票が、独立であるという民主主義の原則に反している。日本の民主主義にとってとても有害だ。

＊

日本会議は、政党ではない。宗教団体を束ねる、ただの集票メカニズムである。そして、その事務局が大きな政治力を持つ。候補者である政治家に対して、自民党に対して、政府に対して。日本会議の事務局は、政党ではないから、有権者の投票によって承認されてもいないし、正当化されてもいない。そういうただの任意団体が、政治に対して大きな影響力と発言力を持つ。これがどれほど有害で、問題のある事態か、よくよく考えてみるほうがよい。

日本会議の改憲案

上記のような問題点を、憲法改正を取り上げて、具体的に考えてみよう。

日本会議は、独自の「新憲法」の制定を提案している。

日本会議新憲法研究会編『新憲法のすすめ——日本再生のために』（二〇〇一年）に、その大綱が載っている。この研究会は、小田村四郎が代表、伊藤哲夫、大原康男、椛島有三、長谷川三千子、百地章、吉原恒雄の六名が委員を務め、一九九五（平成七）年一二月から調査・研究を続けてきたという。

同書のあとがきによれば、この「新憲法」大綱は、日本会議の前身である「日本を守る国民会議」が一九九三（平成五）年五月に発表した「新憲法の大綱」を発展させたもの。この内容は、『日本国新憲法制定宣言』として、翌年四月に徳間書店から刊行されている。新旧の新憲法の大綱に執筆者として続けて名を連ねているのは、小田村四郎、大原康男、吉原恒雄の三名である。

*

この二〇〇一（平成一三）年版の「新憲法」大綱を見ると、憲法「全取っ替え」のフルサイズの改憲案であることがわかる。そして、本書の第三部に提言を寄せているのは、百地章、西尾幹二、西部邁《にしべすすむ》、長谷川三千子、佐瀬昌盛、中西輝政、の六名。委員を務めた伊藤哲夫は、寄稿していないので、何を考えているかうかがうことはできない。

その構成は、つぎのとおりである。

一、前文
二、天皇
三、防衛
四、国際協力
五、国民の権利及び義務
六、国会及び内閣　　※補足事項　首相公選制について
七、司法
八、地方自治
九、非常事態

十、憲法改正

構成からわかるように、現行の日本国憲法をまるごと上書きするものである。八の地方自治と、九の非常事態は、新しく設ける条項である。

大綱なので、条文のかたちにはなっていない。たとえば、八の地方自治の項は、《中央集権を是正し、地方自治の活性化をはかる》という趣旨の説明に続けて、

《(1)地方自治の本旨を明らかにし、行政の広域化に対処するために、地方自治体の再編と権限の再配分をはかる》(一一六頁)

とあるだけで、あとはその解説。大綱なのでなかみはまだ白紙である。

主な改正点

大綱のうち、気合いの入っている部分を見ておく。

二、天皇では、《日本国は立憲君主国である。天皇は日本国の元首であり、…日本国民統合

の象徴である》とある、など（四五頁）。

三、防衛では、《国際紛争を平和的手段によって解決するよう努める》（六三頁）としたうえで、《我が国の安全と独立を守…るため、国軍を保持する》（六六頁）、《国軍の最高指揮権は、内閣総理大臣が行使する》《国軍の指揮及び編制は、法律で定める》（六七頁）とする。

二、天皇、三、防衛、の項目は、条文のかたちに落とし込んである。

＊

五、国民の権利及び義務、では、《憲法で定める自由及び権利は、国政上、最大限尊重されなければならない。同時にそれは、権利の濫用の禁止、他人の権利の尊重及び公共の福祉の実現のため制限され得る》などと、新たな原則を条文のかたちで示している（七四頁）。婚姻と教育については、こうのべる。《婚姻における個人の尊重及び両性の平等とともに、国は国家・社会の存立の基盤である家族を尊重、保護、育成すべきことを明記する》《教育は、この憲法の前文に掲げられた理念を基本として行われるべきこととともに、学校教育に関する国家の責任を明記する》（九四—九六頁）。

六、国会及び内閣、では、《内閣及び内閣総理大臣の権限を強化する》などとする（一〇一頁）。

＊

九、非常事態、では、内閣が非常事態宣言をすること、国軍の出動を命じうること、国会が閉会中のとき内閣は緊急命令を発することができること、などとしている。帝国憲法の規定をなぞっている。

十、憲法改正、では、国会《または内閣》が発議し、衆参両院の総議員の《五分の三》以上の賛成を必要とする、としている（一二四頁）。

＊

二〇〇一（平成一三）年は、安倍晋三が森内閣で官房副長官をしていた時代で、改憲の気運はまだまだ盛り上がっていないころだった。

自民党の憲法改正草案

それから一〇年あまり経って、自民党が「日本国憲法改正草案」をまとめた。二〇一二（平成二四）年四月二七日決定、とある。なかみを見てみると、重要な改正箇所（前文、第一章天皇、第二章安全保障〈旧戦争放棄〉、とくに九条の国防軍、第三章国民の権利及び義務、とくに家族尊重条項、教育に対する国の責任条項、第八章地方自治の新設、第九章緊急事態の新設）もその修正の文言も、日本会議の『新憲法のすすめ』の大綱とそっくりである。丸ぱくり、と言ってもよい！　紙幅がもったいないので、対照表にするのはやめておく。

憲法改正推進本部の名簿を見てみると、起草委員会委員二三名のなかに、ちゃんと生長の家ギャングの衛藤晟一が入っている。なるほど。

＊

二〇一二年四月は、民主党政権（二〇〇九年九月～二〇一二年一二月）の最中で、自民党は野党だった。憲法改正案をまとめたのも、目の前の課題と言うよりも、時間があるので宿題を片づけました、という趣がある。そのまますぐ国会に持ち出す予定のない案だ。

伊藤哲夫の改憲論

日本会議の「新憲法」大綱から一五年ほど経った二〇一五年、日本政策研究センターの伊藤哲夫は、フルサイズの憲法改正案をバラバラにして、小出しにしていくプランに軸足を移していた。二〇一五年と言えば、先の自民党の憲法改正草案からわずか三年後。しかし、二〇一二年一二月には安倍首相が首相に再選され、自民党政権が磐石《ばんじゃく》で、憲法改正がいよいよ日程にのぼろうかというタイミングだ。

＊

先にのべた「第四回『明日への選択』首都圏セミナー」での、日本政策研究センターの説明を整理してみよう。当日のレジュメによると、憲法改正のポイントは大きく分けて三つ。菅野完『日本会議の研究』から引用してみる。

《1・緊急事態条項の追加
非常事態に際し、「三権分立」「基本的人権」等の原則を一時無効化し、内閣総理大臣に一種の独裁権限を与えるというもの。
2・家族保護条項の追加
憲法13条の「すべての国民は、個人として尊重される」文言と、憲法24条の「個人の尊厳」の文言を削除し、新たに「家族保護条項」を追加するというもの。
3・自衛隊の国軍化
憲法9条2項を見直し、明確に戦力の保持を認めるというもの》（一八一―一八二頁）

このように、フルサイズの憲法改正案を、三つに切り離した。そして、1→2→3、の順番をつけた。この順番で、憲法改正を行なおう、というプランだ。従来、改憲の焦点になっていたのは、九条（戦争放棄と軍を置かないという規定）である。それを後回しにし、緊急事態条項と、家族条項を、それより先に着手すべきだとしている。

＊

この「バラバラ改憲案」と、日本会議の「フルサイズ改憲案」の関係は、どうなっているのか。日本政策研究センターの改憲案は、日本会議に提案して、議論しているのだろうか。

日本会議のウェブサイトで確認すると、フルサイズ改憲案が掲げられている。平成五年五月三日公表、平成一三年二月一一日改訂、とある（二〇一二年一二月三日現在）。『新憲法のすすめ』にある新憲法の大綱から、進んでいないようである。

私が伊藤哲夫なら、日本会議の改憲案をこれ以上磨き上げるために、無駄なエネルギーを使わないだろう。大勢で議論するうちに、自分のせっかくのアイデアが丸くなってしまう。それよりは、政府自民党に、いや安倍首相に、自分の改憲案を直接にブリーフィングしたほうがいい。そのルートがある。なにしろ日本政策研究所の伊藤哲夫代表は、安倍政権のブレーンのトップ格、という評判なのだから。

バラバラ改憲は、復憲である

「バラバラ改憲案」が、復憲（憲法復元）の線に沿っていることを確認しよう。

1の緊急事態条項は、帝国憲法で緊急勅令や戒厳令の規定があり、日本国憲法でなくなったのを、元に戻すもの。

2の家族条項は、帝国憲法ではなく旧民法に家長などの規定があったのが、日本国憲法でなくなったのを、ある意味元に戻すもの。

3の国軍化は、帝国憲法に軍と統帥権の規定があり、日本国憲法でなくなったのを、元に戻すもの。

どれも、日本国憲法を、帝国憲法の方向に修正するものになっている。ではそれを、どういう順番に改正するか。それは、憲法論と言うより、政治的配慮であろう。1→2→3、の順番は、護憲勢力の憲法改正反対を潜り抜けようという意味がある。

自民党をリモートコントロール

さて、伊藤哲夫の「バラバラ改憲案」と歩調を合わせるようにして、自民党もバラバラ改憲に傾いていく。

二〇一五年五月七日の衆議院憲法審査会（委員は与野党の五四名）において、自民党憲法改正推進本部長（当時）の船田元《はじめ》議員は、同党改憲案のうち、緊急事態条項、環境権、財政の健全性条項、の三つの「新設」条項を、優先して協議するように提案した。

民主党政権下の二〇一一年三月一一日、東日本大震災と福島第一原発事故が起こっていた。二〇一四年一二月の総選挙で政権に復帰した自民党を率いる安倍首相は、憲法改正の気運が熟したと考えていた。そして、緊急事態条項を突破口に、一度まず憲法改正をすることだ、と意欲を燃やしていた。野党の足並みは乱れている。緊急事態条項なら、憲法改正の発議に必要な「三分の二」をまとめることができるだろう。政治的な勘である。

並んで掲げられている環境権、財政の健全性条項の二つは、緊急事態条項を突出してみせないための、目くらましである。それを口にする本人たちが、どうでもいいと思っている。

＊

第一次安倍政権の経験から、保守色を前面に出すならば、有権者にアピールしやすいという手応えを、安倍首相はつかんでいた。

その保守色を演出するのが、日本政策研究センターの伊藤哲夫である。その「バラバラ改憲案」は、日本会議や自民党や国会を迂回《うかい》して、安倍首相に直通している。安倍首相へのブリーフィングを介して、自民党政権をリモートコントロールしているとさえ言える。

国家緊急権

なぜ、まず緊急事態条項なのか。わかりにくいところがある。

第一次安倍政権が発足した二〇〇六年当時、新聞報道によると、安倍首相はまだ、改憲の本丸は九条だという認識を示していた。そのうち現実路線に転じ、改憲のハードルが低い（野党や国民の同意を得やすい）条項として、緊急事態条項に目をつけたようである。

そうだとすれば、これは、改憲のための改憲（改憲の自己目的化）である。

ならば、緊急事態条項そのものには、特定の政治的主張や政治目的はないのか。

＊

私はそこに、危険が隠れていると思った。

帝国憲法では、主権者は天皇である。政府や国会が機能しない場合に、天皇は「大権」を行使し、立憲君主制の枠を踏み越えて、国民と国家を守るため必要な行動をとる。これが、帝国憲法の緊急事態条項である。天皇が大権を行使しても、立憲君主制の大枠は壊れない。

これに対して、自民党の緊急事態条項は、緊急事態に、内閣と内閣総理大臣に権限を集中する。憲法に制約されず、行政命令を発することができる。行政権による、事実上の立法権の行使である。緊急事態を宣言するのは閣議であり、国会の承認は事後でもよい。政府のこれらの行動は、憲法に条項（抜け道）があるおかげで、憲法違反とならない。責任を追及されることもない。

帝国憲法の緊急権限の源泉は、主権者である天皇の「大権」である。日本国憲法でそれに対応するのは、主権者である国民の「主権」であるはずだ。けれども自民党の改憲案では、国民の主権と内閣および総理大臣の緊急権限のあいだに、関係がない。ナチス・ドイツの全権委任法がワイマール共和国を破壊し独裁制に道を開いたのと同様の、危険がひそんでいる。

＊

そこで私は、『国家緊急権』を書いた。国家緊急権とは、緊急事態において、政府が憲法や法令の枠にかならずしも縛られないで必要な行動をとる権限のことである。そしてこの本の、結論はこうだ。

・憲法に緊急事態条項を設けることは、国家緊急権を正しく行使するために、必要でも十分でもない。

- 憲法に緊急事態条項を設けてしまうと、政府が憲法に違反して行動しても、政府の責任を追及することができなくなるから、きわめて有害である。

要するに、自民党や安倍首相がやろうとしているような、緊急事態条項を掲げる憲法改正はやめなさい、である（そういうふうには、あえてはっきり書いてないから、ぼんやり読んだひとにはわからなかったかもしれない）。

日本会議と安倍晋三

日本会議は、安倍元首相と太いパイプを保っていた。安倍元首相は二〇二二（令和四）年七月に銃撃されて亡くなった。ポスト安倍時代の自民党と、日本会議はどういう関係にあるのだろう。

日本会議を要所で支える生長の家ギャングは、まだ健在である。日本会議を集票マシンとして機能させ続けることができるだろう、少なくともあとしばらくは。日本会議は自民党を必要とし、自民党は日本会議を必要とする。安倍元首相がいなくても、この関係は続いていくに違いない。

＊

安倍晋三はなぜ、日本会議と結びつきを深めて行ったのだろう。

私の想像はこうだ。

それは彼が、岸信介の孫、安倍晋太郎の息子、という政治家の家系に生まれ、地盤と後援会を引き継いで国会議員に当選したという出自以外に、これと言って自慢できる強みがなかったからだ。有力大学の法学部で成績優秀だったわけでもない。恵まれない境遇から実力で這《は》い上がってきたわけでもない。傑出した政治思想や信念や構想があったわけでもない。いわば空っぽだった安倍晋三は、自分を満たす強い理想や信念に憧れた。そしてそれは、左翼やリベラルと反対の立場だとよかった。彼には、政治家の家系で育った、政治に関する嗅覚が身についていた。人柄も素直で明るい。同じ政治家の家系に育った小泉純一郎に目をかけられ、活躍の場を与えられた。

安倍晋三という政治家と、日本会議（いや、生長の家ギャングと言うべきだろう）は、互いに求めるものがぴったり一致した。安倍晋三に限らず、戦後のリベラルに飽き足らない、保守志向の政治家たちは、生長の家ギャングの提供する思想と運動に魅力を感じたはずだ。なにしろ彼らは、年季が入っている。そして、宗教的信念に裏付けられている。決してひとを騙しているわけではない。ただの集票マシンではない。

こういう磁場が、政治の世界に成立していること。そして現に、日本の政治を動かしていること。こういう現実を、日本の有権者はもっとよく知っておく必要がある。

伊藤哲夫のマジック

日本政策研究センターの伊藤哲夫は、ただの民間人である。公職についているわけでも、選挙で選ばれたわけでもない。けれども、安倍政権に大きな影響力を持ち、安倍元首相を通じて日本の政治を左右した。

なぜ、こんなことが可能になったのか。これは正しいことなのか。

＊

伊藤哲夫の「バラバラ改憲論」がなぜ、安倍晋三に説得力を持ったのだろうか。なぜ安倍晋三は、伊藤のブリーフィングに動かされたのか。

それは伊藤をはじめとする生長の家ギャングの人びとが、憲法を深い精度で、何十年も考え続けてきたからだ。

彼らは、谷口雅春のやむことのない復憲論につき合い、それを最終目標として受け入れた。しかし彼らの本領は、政治にあった。政治は、人びとを動かし、情報や目標を与えて、少しずつ最終目的に近づくことである。そのまともな政治運動の手法を、彼らは新左翼の学生運動から学んだ。そして、民族派の学生運動に応用し、選挙の支援活動に応用し、鉄板のパターンを生み出すことに成功した。こうして政治部門で活動するうち、谷口雅春の復憲論を、バラバラ改憲論に嚙《か》み砕くと、同様の政治目標を達成できると考えたのだろう。

こうして目標が定まってみれば、フルサイズの改憲案をつくることに、エネルギーを使う必要はない。フルサイズの理想的な憲法は、すでに、帝国憲法として存在しているからだ。

＊

安倍晋三の改憲目標は、帝国憲法の復元ではなくて、九条の改正（国防軍の設置）なのかもしれない。けれども当面、そんな違いは問題ではない。政治運動では、パートナーとして協力できるのだから。

これは民主主義なのか

生長の家ギャングの人びとが、「日本会議」という集票マシンを組み立てた。それを動かすことで、有権者の票をかき集め、大きな政治力を手にした。その集票マシンを、自民党は、政権維持のための不可欠な歯車の一つとした。安倍晋三は、だから、伊藤哲夫のブリーフィングに説得力を感じた。

その集票力は、どのように生まれているのか。

*

谷口雅春が、ニューソート（さまざまな宗教の教義を融和させる西欧思想の一種）に惹《ひ》かれて、日本に移植した。そして谷口は、それを、日本のさまざまな宗教を融合させる植木鉢のようなもの（生長の家）にした。生長の家は、日本人に、生命の連続性とアイデンティティを保証する。生長の家のニューソートは、さまざまな教団・宗派の接着剤となった。あるいは、さまざまな教団・宗派の最大公約数となった。生長の家は、戦前と戦後は連続しているし、連続しているべきであるという確信（復憲論）に結実した。戦後日本の保守思想の原型である。

自民党の政治家は、選挙で選ばれて、国会を居場所にしている。国会は、行政官僚が立ち入らない場所（アウェー）だ。そこで多数派を形成する自民党の首脳に、伊藤哲夫をはじめとする生長の家ギャングは、影響力を与えてきた。政治の目標と、将来構想と、つぎの政策プログラムを提供し、選挙で集票の上積みを約束した。有権者の目の届かないところで。

これは、民主主義なのか。これは、正しい民主主義なのか。

何かおかしい。

見たところは、民主主義である。法令に違反しているとは言えない。民主主義の外見をしている。けれどもその本質は、民主主義ではない。「政教分離」の原則から、逸脱しているからだ。民主主義に取りついた寄生木《やどりぎ》のように、養分を吸いながら、民主主義とは別のものに育っている。民主主義に取りついた「異形のメカニズム」――生長の家ギャングの政治力を、このように判断することができる。

＊

なぜ、そう言えるのか。

それは、第2部「統一教会と自由民主党」を論じたあと、結論で議論しよう。

第2部　統一教会と自由民主党

第2部は、文鮮明の創始した統一教会について、考察してみよう。

統一教会は、一九五四年に韓国で設立され、日本で半世紀あまり活動しているカルト教団である。数々の問題を起こしたうえ、長年、政権与党にも喰い込んでいる。

＊

統一教会は、どういう信仰にもとづく宗教団体なのか。キリスト教にかぞえるべきものなのか。その信仰の実態をなるべく具体的に検討し、彼らの考え方や行動様式をしっかりと見極めよう。

それにはまず、文鮮明という人物について理解し、つぎに統一教会の「神学」（議論の組み立て）を再構成してみる必要がある。統一教会のカルトたるゆえんが明らかになるだろう。さらに、なぜ共産主義に反対する勝共連合なのか、なぜ自民党の政治家とそこまで深いつながりを保ってきたのか、その目的は何か、についても掘り下げて考えてみる。

生長の家〜日本会議とは同列に論じられない、ずっと本物のカルトの闇が口を開けているのがわかるはずだ。

2・1　文鮮明という人物

文鮮明は、謎の多い人物である。

利用可能な資料や文献から、ある程度のことはわかる。ただし、公開されていない事実も多いと思われる。いずれそうした伝記的事実をありったけかき集めて、誰かすぐれた書き手が本格的な評伝を書いてくれるものと期待したい。

本書は、それを待つわけにいかないので、ごく簡単に、文鮮明という人物の概略をスケッチしておこう。

文鮮明の生い立ち

文鮮明は一九二〇年二月二五日（陰暦一月六日）、日本統治下の平安北道《ピョンアンブク》定州郡《トチヨンジユ》（今日の北朝鮮）で生まれた。父は文慶裕《キヨンユ》、母は金慶継《キヨンゲ》。兄ひとり、姉三人に続く次男である。名前は龍《ヨン》明《ミョン》といった。のちに、龍はサタンだからと、鮮明に改名したという。

いくつかの学校を転々とし、一九三五年には定州公立普通学校に転入、一九三八年に卒業した。京城（現ソウルのあたり）に出て、京城商工実務学校電気科で学んだ。一九四一年三月、朝鮮を離れて海を渡り早稲田高等工学校電気科に留学、一九四三年一〇月に卒業した。当時は江本龍明《りゅうめい》を名のっていた。以前は、早稲田大学理工学部に留学したことになっていたが、いまは訂正されている。

卒業ののち文鮮明は京城に戻り、鹿島組に電気技士として就職した。

*

ここまでの履歴から確認できること。文鮮明は、朝鮮半島で、日本国籍を持って生まれ、日本語を学び日本式の教育を受けた、日本人だった。当時は日本中の学校が、『国体の本義』にもとづく皇国主義の教育を行なっていた時期である。文鮮明も、天皇絶対の世界観を徹底的に叩き込まれたに違いない。

もう一つ、理工系の学問を専門に学び、それを職業に選んでいること。適性もあっただろう。わざわざ日本に留学し学びを継続したのだから、日本に対してさしたる嫌悪や拒絶感はなかったと考えられる。

日本の敗戦は、文鮮明に大きな衝撃をもたらしたはずだ。

宗教との邂逅《かいこう》

文鮮明の家はそれなりに古い家柄だった。子どものころには学堂で、儒学や仏教の典籍にも親しんだという。

文鮮明が一五歳のとき、きょうだいが精神を病むことがあり、それをきっかけに一家は、長老派のプロテスタント教会に入信した。

一六歳のとき、本人の言うところによると、イエス・キリストが彼に現れるという神秘的な体験があった。

*

文鮮明は京城で、イエス教会の明水台教会に通った。イエス教会は、李龍道《イヨンド》が一九三三年に建てた教会で、李は同年に死亡している。文鮮明は、その教会のリーダー許孝彬《ホホビン》と親しくなった。このころ、彼の信仰は急速な進歩を遂げたという。

その後、いくつかの宗教団体を経て、金百文《キムベクムン》が建てたイスラエル修道会に加わる。金百文は当時、『基督教根本原理』なる書物を執筆中だった（一九五八年刊）。文鮮明の『原理原本』（一九五二年刊）は、その内容と似ているという。

＊

文鮮明は、一九四五年に強い霊的な体験をした。そのあと八月にはさっそく、「原理」による説教をして、布教活動を始めた。「原理」は、彼が体得したこの世界の真実の原理である。説教は、正統のキリスト教から逸脱する内容だったため、摩擦を生じた。

異端の指導者として

一九四五年一〇月には金銭トラブルで、一週間ほど収監された（定州郭山支署収監事件）。一九四六年五月二七日に「天命」を受け、ソウルから平壌《ピョンヤン》に向かった。平壌は、ソ連軍占領下である。平壌で布教を開始した。宗教と称して詐欺を行なったとか、南朝鮮のスパイであるとか噂《うわさ》され、八月に逮捕された。厳しい取調べを生き延び、一一月に釈放された。

キム・ジョンファという女性信者の家で集会をし、祈禱《きとう》した。白い服で讃美歌を繰り返し歌い、神の声を聴いたり啓示を受けたりする信徒もいた。祈禱しながら泣き続けるため、「泣く教会」と呼ばれた。

＊

このころ文鮮明がどんな宗教活動をしていたのか、詳しいことがわからない。彼は女性関係が乱れていたとか、結婚したとか子どもがいたとか、噂された。道徳的に非難すべきで、宗教として問題にならないと片づけるひともいる。道徳的かどうかはともかく、彼を宗教者と信じて従った人びとがいた。とは言え、いつもスキャンダルに取り巻かれていた。

＊

一九四八年二月に文鮮明は、「社会秩序紊乱《びんらん》罪」でまた逮捕され、五年間の強制労働の刑を宣告された。一九五〇年六月に朝鮮戦争が勃発し、国連軍がやって来て囚人たちを解放した。文鮮明は信徒たちと再会することができ、そのあとソウルを経由して、釜山《プサン》へと逃れた。

釜山に到着したのは、一九五一年一月。所持金もなく痩せ、食事も満足にしていなかった。港湾労働者として日銭を稼いだ。このころから、『原理』の執筆を始めた。夏には掘っ建て小屋を建て、教会として使い始めた。一九五二年五月に、『原理』が完成した。「原理」の説教を始め、一九五三年一月から韓国各地を巡回する布教活動を始めた。港湾労働者の仕事は一九五五年ごろまで続けていた。

世界基督教統一神霊協会

文鮮明は一九五四年五月、「世界基督教統一神霊協会」を設立した。いわゆる統一教会である。

統一教会が、礼拝と称して怪しい性行為を行なっているという風評が広まり、文鮮明と信徒らが逮捕された。徴兵忌避で起訴されたが無罪となり、三カ月後に釈放された。

一九五五年、梨花《イファ》女子大の教員五名、学生一四名が入信したので大学を追われる事件があった。「血分け」と称して怪しい行為を行なっているのではないか、と疑われた。文鮮明は不法監禁の容疑で検挙されたが、無罪となった。

一九五七年には、各地に伝道師を派遣した。

一九五八年には、日本に布教を開始。翌年一〇月に、日本で、世界基督教統一神霊協会を設立した。一九六四年には宗教法人として認められている。

ヨーロッパ各国にも徐々に拠点を設けた。

一九六一年には、朴正熙《パクチヨンヒ》政権のもと、統一教会は反共を掲げて、政府の後押しを得ることができた。

韓鶴子と結婚する

文鮮明は一九六〇年四月一一日、韓鶴子《ハンハクジャ》と結婚した。鶴子は一七歳だった。韓鶴子の母・洪順愛《ホンスネ》はもともと、金聖道《キムソンド》の率いる聖主教の信徒だった。そのあと、統一教会の信徒となった。鶴子もその影響で、統一教会の信徒であった。

文鮮明は四〇歳で、再婚。最初の妻・崔先吉《チエソンギル》とは一九四四年に結婚し、聖進《ソンジン》をもうけ、一九五七年に離婚した。結婚はしていないとされるが金明熙《ミヨンヒ》とのあいだに、喜進《ヒジン》をもうけた。ほかにも妻がいたと言われる。

韓鶴子と結婚した文鮮明は、このあと合同結婚式を始めた。

＊

韓鶴子は文鮮明とのあいだに、多くの子どもをもうけた。

- 譽進《イエジン》（長女、一九六〇年生）
- 孝進《ヒヨジン》（長男、一九六二年生）後継者と期待されたがアルコール依存症となり、二〇〇八年に死亡。

・惠進《ヘジン》（次女、一九六三年生）夭折。
・仁進《インジン》（三女、一九六五年生）統一教会アメリカ総会長（二〇〇八～二〇一二年）。
・興進《フンジン》（次男、一九六六年生）一九八三年にアメリカで交通事故を起こして死亡。
・恩進《ウンジン》（四女、一九六七年生）
・顕進《ヒョンジン》（三男、一九六九年生）孝進のあと後継者とされたが、二〇一一年に統一教会と無関係を宣言。
・國進《ククジン》（四男、一九七〇年生）文鮮明の死後、失脚。七男の亨進を支援している。
・權進《クォンジン》（五男、一九七五年生）
・善進《ソンジン》（五女、一九七七年生）世界平和統一家庭連合の世界会長（二〇一五～二〇一九年）。
・榮進《ヨンジン》（六男、一九七八年生）一九九九年にネバダ州のホテルで転落死。
・亨進《ヒョンジン》（七男、一九七九年生）顕進が統一教会と距離をとったため、後継者とされ、世界会長を務めていた。のち、統一教会を離れ、世界平和統一聖殿（サンクチュアリ教会）を設立した。
・妍進《ヨンジン》（六女、一九八一年生）
・情進《ジョンジン》（七女、一九八二年生）

アメリカ進出

アメリカへは、一九五九年に伝道師を送った。

一九六五年には、世界各国を回って布教を行なった。アメリカではあまり、関心を持たれなかった。

一九六六年には、『原理講論』が完成した。

一九六八年一月に、国際勝共連合を韓国で設立した。日本でも四月に設立した。

*

主に日本で集めた資金をもとに、アメリカに教団関連企業を設立しまくった。そして一九七二年、ニューヨーク市に本拠を移した。各州にも拠点を設けた。マジソン・スクェア・ガーデンやヤンキー・スタジアムで集会を催すなど、統一教会は新興宗教「ムーニーズ」(Moonies)として知られるようになった。

反共主義を売り物に、欧米の有力者に近づいた。国連で演説し、ホワイトハウスにニクソン大統領を訪問した。日本では、岸信介元首相とつながりを持った。

一九八〇年ごろから日本で、「霊感商法」が社会問題になった。

文鮮明は、アメリカで脱税の有罪判決を受け、一九八四年から一三カ月収監された。

晩年の文鮮明

それでも文鮮明と政治家との交流は続いた。一九九〇年四月には、クレムリンでゴルバチョフと会談した。一九九一年一二月には、北朝鮮を電撃訪問して、金日成《イルソン》と会談している。

アメリカで有罪判決を受けたあと、日本への入国は、許可されなくなっていた。しかし一九九二年三月には、法務大臣が入国を許可した。金丸信自民党副総裁（当時）による政治的圧力があったといわれる。

＊

文鮮明の人生の紹介は、ここまでにしよう。

二〇一二年九月三日、入院先の病院で、肺炎で死亡した。九二歳だった。

聖人か俗物か

文鮮明の生涯を、ざっと一瞥《いちべつ》した。

ひとことで言うなら、とっても怪しい人物である。

そして、俗物のにおいがぷんぷんする。

乱れた女性関係。金銭に対するあくなき執着。政府高官や有力者にすり寄る権力好き。性と金銭と権力は、俗物の三点セットだ。しかも外見が、ぎらついたおじさん風である。悪意に満ちた評伝が、文鮮明のことを、道徳的にも問題だらけの悪漢か怪物のように描くのも、無理がないというものだ。

ほんとうに俗物で、正体はただの悪者なのかもしれない。それは私にはわからない。そして本書の主題でもない。肝腎なのはその文鮮明が、彼の教団を率い、宗教者としてふるまって、少なくない信徒を従えてきたということだ。そのこと（だけ）が重要である。

＊

オウム真理教を率いた麻原彰晃《しょうこう》も、怪しい人物だった。いかにも俗物といった感じで、悪者っぽくも見える。けれども彼に従う人びとにとっては、最終解脱を果たした指導者（グル）、つまり聖人であった。常人には俗物と見えても、信徒にとって聖人であって不思議はない。常識で宗教者のことを決めつけても、仕方がないのである。

そこで、文鮮明について、常識で判断するのはやめよう。その代わりに、文鮮明を文鮮明たらしめている、宗教者としての本質に、関心の焦点を絞る。彼に宗教者としての本質と力量がなければ、そもそも統一教会という教団は成立しなかったはずだから。

宗教者・文鮮明

文鮮明の一家が長老派のプロテスタント教会に入信したのは、文鮮明が一五歳のとき。翌年さっそく神秘体験をしたというから、文鮮明とキリスト教の相性はよかったと言ってよい。

＊

文鮮明と似ていると思うのは、洪秀全《こうしゅうぜん》である。

洪秀全は広東《カントン》省の農村に一八一四年に生まれた。客家《はっか》の村で、貧しかった。何回も科挙に失敗し、試験場からの帰り道にキリスト教のパンフレットをもらった。高熱にうかされて夢を見た。天でイエス・キリストが現れ、洪秀全に「弟よ」と呼びかけた。自分はイエスの弟だったのだ！　自己流でキリスト教っぽい宗教を始め、偶像崇拝はいけないと道観に押しかけ尊像を破壊したので、当局に追われる立場になった。それならと仲間と共に反乱軍を率いて故郷を出ると、どんどん人数が増え、気づけば中国の南半分を支配するまでになった。太平天国の乱である。信仰のなかみはキリスト教と儒教を足して二で割ったようなもの。宣教師が洪秀全の書いた教えの文書を真っ赤に修正した。洪秀全は、あの宣教師はキリスト教がわかっていない、と本気で怒ったという。

*

文鮮明は、宗教者としての実力を備えていたか。

それなりの実力を備えていたと思う。そう言える理由は二つある。

第一に、数多くの説教をし、礼拝を行ない、熱烈に祈って人びとを動かした。ごく初期の文鮮明の教団は、金もなく、集会所も掘っ建て小屋で、みな貧しかった。そんな彼らをまとめ、教団を維持・拡大できたのは、彼が宗教者としての役割を果たしたから。大日本帝国が崩壊して、権力の空白、生活の空白、価値観の空白をどう埋めようかと、朝鮮半島の人びとは模索し苦しんでいた。文鮮明には、彼らを惹きつけるだけの宗教的な熱情があった。彼は人びとが求めていた一つの道筋を、宗教のかたちで提供したのだ。

第二に、自分の信仰と思想を「原理」というかたちで人びとに語り、最終的にはそれを『原理講論』という一冊の書物にまとめ上げた。統一教会の根本教典である。読んでみるとわかるが、聖書まるごと一冊を独自の解釈にもとづいて読解し、すみずみまで参照し、そこから「原理」を取り出すというなかなかの大仕事だ。

『原理講論』については、他人の著作を流用した部分があるとか、聖書の読み方が間違っているとか、「原理」はキリスト教の正統教義に合わない異端であるとか、いろいろの批判や指摘がある。どれももっともな批判だ。それらの批判は批判として、認めるべきなのは、これほど明確に独自の教義を打ち立て、書物のかたちで体系化し、それを維持し発展させ続けるというのは、並大抵でないということだ。

＊

第一の点も、第二の点も、文鮮明の宗教者としての能力に負っている。そこで、まずやるべきなのは、文鮮明の主要著作である『原理講論』を、読解することである。そしてそこから、統一教会の教義の組み立てを突き止め、統一教会に属する人びとの思考と行動の特徴を取り出すこと、である。

キリスト教なのか

統一教会は、キリスト教の一派である。一応。

一応と言うのは、多くのキリスト教会から、異端とみなされているから。たとえば、イエス・キリストを神の子で救い主、と信仰しないからである。

それでも、『原理講論』は、聖書の順番に議論を進め、聖書のテキスト全体を一貫した観点から解釈している。組織神学（systematic theology）の試みとみることもできるほどだ。

＊

ところが、統一教会の教義は、儒教や道教の考え方とそっくりなところがいろいろある。とてもキリスト教の考え方とは言えない。この点でも、文鮮明は洪秀全と似ている。統一教会はその本質を、キリスト教と儒教・道教とのハイブリッド（ごちゃまぜ）と考えるべきなのではないか。

とすると、『原理講論』の読解は、ややこしいことになる。それをキリスト教の教義に照らしてだけ読んだり、キリスト教の正統教義とここが合っていないとか指摘したりしても、ピント外れになる。文鮮明は初めから、それを承知のうえだろうからだ。その見方に加え、儒教や道教に照らしてどういう特徴があるか、も加味して読む必要がある。

キリスト教に詳しいひとはいるし、儒教や道教に詳しいひともいる。ただ、両方に詳しいひとはそう多くない。でも『原理講論』を読解しようと思えば、詳しくなくても取り組むしかない。さもなければ、読んだことにならないのだから。

2・2 『原理講論』を読む

と言うわけで、つぎにわれわれが取り組むのは、文鮮明の主著『原理講論』の読解である。『原理講論』は分厚い。詳しく読めば、きりがない。

そこで、無駄な枝葉をすべて取り払い、その骨格にあたる部分だけを浮き彫りにする。それでも、かなりの分量になるだろう。でも、この書物のなかみを理解しないと、統一教会の本質がわからない。その危険を正しく理解することもできない。

日本の政権与党である自民党の、一〇〇人を超える国会議員に統一教会が喰い込んでいた。これがどれだけ重大な出来事か。どれだけ深刻な民主主義の危機なのか。それをしっかり理解するのに、避けて通れない作業である。

では気を引き締めて、取りかかろう。

『原理講論』の定本

『原理講論』の韓国語版は、一九六六年五月一日に発行された。『原理講論』の原稿は、韓国語で書かれた。韓国語版が原本である。それが、日本語や英語や…に翻訳されている。

『原理講論』には、さまざまな版があるという。しかも困ったことに、各国語版によって内容が違う箇所があるらしい（たとえば、日本人に読ませると都合の悪い箇所を、カットしたり言い換えたりする）。いずれしっかりした校訂を誰かがやってくれることを期待して、本書は細かなことを気にしないことにする。そして、日本語版にもとづく（他言語版は参照しない）。

＊

テキストに使うのは、『原理講論・普及版』（B6版総ふりがな付き）一九九三（平成五）年六月一八日初版発行、一九九四（平成六）年一月一〇日第四刷発行。著者は、宗教法人世界基督教統一神霊協会。発行所は光言社。東京都渋谷区にある、統一教会系の出版社である。

このほかに、『原理講論』（重要度三色分け）一九九六年（平成八年）六月二一日第一版第一刷発行、二〇二〇年（令和二年）一二月六日第五版第五刷発行、も参考にする。翻訳・編集は、世界平和統一家庭連合。発行所は光言社。テキストは上記の普及版と同一と思われるが、赤色

（もっとも大事）、青色（そのつぎに大事）、黄色（関連して大事）と色分けしてあって便利である。何にも色がついていない部分もある。

聖書と違って、『原理講論』には章節番号がついていないので、版によって頁数がずれる。たとえば、上記の普及版と三色版では、総頁数は同じだが、微妙にずれている。本書は、必要な場合、普及版の頁数を示すことにする。

『原理講論』の目次

『原理講論』の構成を見渡すために、目次を押さえるのがよいだろう。全体は前編、後編に分かれ、合わせて一三章からなる。各章ごとの節の題目も／で区切って掲げてみる。すると、以下のようである。

総序
○前編
第一章　創造原理
神の二性性相と被造世界／万有原力と授受作用および四位基台／創造目的／創造本然の

価値／被造世界の創造過程とその成長期間／人間を中心とする無形実体世界と有形実体世界

第二章　堕落論

罪の根／堕落の動機と経路／愛の力と原理の力および信仰のための戒め／人間堕落の結果／自由と堕落／神が人間始祖の堕落行為を干渉し給わなかった理由

第三章　人類歴史の終末論

神の創造目的完成と人間の堕落／救いの摂理／終末／終末と現世／終末と新しいみ言《ことば》と我々の姿勢

第四章　メシヤの降臨とその再臨の目的

十字架による救いの摂理／エリヤの再臨と洗礼ヨハネ

第五章　復活論

復活／復活摂理／再臨復活による宗教統一

第六章　予定論

み旨《むね》に対する予定／み旨成就に対する予定／人間に対する予定／予定説の根拠となる聖句の解明

第七章　キリスト論
創造目的を完成した人間の価値／創造目的を完成した人間とイエス／堕落人間とイエス／新生論と三位一体論

○後編

緒論

第一章　復帰基台摂理時代
アダムの家庭を中心とする復帰摂理／ノアの家庭を中心とする復帰摂理／アブラハムの家庭を中心とする復帰摂理

第二章　モーセとイエスを中心とする復帰摂理
サタン屈伏の典型的路程／モーセを中心とする復帰摂理／イエスを中心とする復帰摂理

第三章　摂理歴史の各時代とその年数の形成
摂理的同時性の時代／復帰基台摂理時代の代数とその年数の形成／復帰摂理時代を形成する各時代とその年数／復帰摂理延長時代を形成する各時代とその年数

第四章　摂理的同時性から見た復帰摂理時代と復帰摂理延長時代
エジプト苦役時代とローマ帝国迫害時代／士師時代と教区長制キリスト教会時代／統一

王国時代とキリスト王国時代／南北王朝分立時代と東西王朝分立時代／ユダヤ民族捕虜および帰還時代と法王捕虜および帰還時代／メシヤ降臨準備時代とメシヤ再降臨準備時代／復帰摂理から見た歴史発展

第五章　メシヤ再降臨準備時代

宗教改革期／宗教および思想の闘争期／政治、経済および思想の成熟期／世界大戦

第六章　再臨論

イエスはいつ再臨されるか／イエスはいかに再臨されるか／イエスはどこに再臨されるか／同時性から見たイエス当時と今日／言語混乱の原因とその統一の必然性

見ればわかるように、『原理講論』は、旧約→新約へと進む聖書の叙述の順序に、そして、世界史の順序に従っている。『原理講論』は、聖書と世界史の「解釈」の書である。

＊

それでは、どういう順序でどこを読んでいけばよいか。

この書物（つまり、統一教会）の核心をつかむには、つぎの箇所を読むのがよいと思う。

1. 堕落論　…人間の罪がどのように生まれたか。どうやってその罪を取り除くことができるか。（前編、第二章）

2. 創造論　…神は世界をどのように創造したか。創造された世界と「原理」の関係はどうなっているか。（前編、第一章）

3. メシア論　…メシア（メシヤ）はどのように世界を完成させ、人類を救うのか。イエス・キリストはなぜ救済に失敗し、再臨しなければならないのか。（前編、第三章、第四章、第七章。後編、第二章、第六章）

この三つの論点で、『原理講論』（つまり、統一教会）のいちばん大事なポイントが理解できるはずだ。

『原理講論』の性格

さて、冒頭の「総序」で文鮮明は、『原理講論』の考え方を要約してのべている。本文を読み進む前に、彼の言うところを頭に入れておくほうがよい。道に迷わないですむだろう。

＊

まず文鮮明は、聖書についてこうのべる。《聖書は真理それ自体ではなく、真理を教示してくれる一つの教科書として、…各時代の人々に与えられたものである…。…不動のものとして絶対視してはならない》（三〇頁）。聖書よりも、真理そのものをのべる『原理講論』のほうが重要だ、と言うのだ。

やがて地上に天国が建設される、とものべる。《罪のない世界がすなわち天国であるというならば、…この天国は、地上に現実世界として建設されるので、地上天国と呼ばれる…。…我々は、ここにおいて、人類の歴史は、神の創造目的を完成した世界に復帰していく摂理歴史であるという事実を知った》（三四―三五頁）。

文鮮明が神の遣わした預言者である、とものべる。《人間を命の道へと導いていくこの最終的な真理は、いかなる教典や文献による総合的研究の結果からも、またいかなる人間の頭脳からも、編みだされるものではない。…あくまでも神の啓示をもって、我々の前に現れなければならない…。しかるに神は、…一人のお方を遣わし給うた…。そのお方こそ、…文鮮明先生である。…先生は単身、霊界と肉界の両界にわたる億万のサタンと闘い、勝利されたのである。そうして、イエスをはじめ、楽園の多くの聖賢たちと自由に接触し、ひそかに神と霊交なさることによって、天倫の秘密を明らかにされたのである》（三七―三八頁）。

この箇所は、文鮮明を三人称で「先生」と呼んでいるので、書き手は文鮮明以外の誰かであるように取れる。しかし、筆者が誰であるか記名がない。ついでに言えば『原理講論』そのものも、誰の著作であるのか記名がない。奇妙ではある。

よく探すと、《ここに発表するみ言は…今までその弟子たちが、あるいは聞き、あるいは見た範囲のものを収録したにすぎない》(三八頁)とあるので、文鮮明の弟子たちが文鮮明の言葉をまとめた、という体裁をとったつもりかもしれない。

＊

また『原理講論』は、本書はこれまで誰も解き明かさなかった聖書のほんとうの意味を、初めて明らかにする、と宣言する。すなわち、《この新しい真理は…キリスト教の数多くの難解な問題を、明白に解いてくれるものでなければならない。…今まで難解な問題と見なされてきた三位一体の問題に対しても、根本的な解明がなくてはならない。…また、この真理は、イエスがなぜ再臨しなければならないのか、…象徴と比喩によって記録されている数多くの難問題を…解いてくれるものでなければならない。…この最終的な真理は、いかなる教典や文献による総合的研究の結果から…編みだされるものではない》(三六—三七頁)としたうえで、啓示を受けてそれを解き明かす文鮮明が現れた、とする。『原理講論』の聖書の読み方が正しくて、そのほかのキリスト教会の読み方はすべて間違っている、と主張するのだ。

罪とは何か

では、第一の論点。『原理講論』の堕落論とはどのようなものか。

＊

これを考える前提として、一神教で「罪」とはどのような概念なのか、確認しておこう。

神（唯一の創造神）が、世界を造った。人間を造った。——これが、一神教（ユダヤ教、キリスト教、イスラム教）の根本前提である。神（ヤハウェ、God、アッラー）が主人で、神以外は神に造られた被造物。人間も被造物で、神の僕《しもべ》（いわば、奴隷）である。人間は、神に従うのが正しい。

人間は知力があるので、神と言葉を交わし、神の命令に従う。けれども、人間には自由意思があるので、神の言いつけに背く可能性がある。そうやって、神の意思に反する行動をとること。これが「罪」だ。人間だけが罪を犯す。動物は罪を犯せない。罪を犯すことは、人間の能力である。

罪は、神と人間のあるべき関係を壊してしまう。人間は、罪を悔い改める。神は、人間を赦す。こうして神と人間の関係が、修復され再建される。神が人間を救うので、人間は、自分で自分を救うことができない。これが、一神教の基本構造である。

＊

神は、神と人間の関係を正しくするため、預言者を遣わす。預言者を通じて、神は人びとと契約を交わす。その契約の書がタナハ（ユダヤ教の聖典）であり、クルアーン（イスラム教の聖典）である。契約の内容は、人間にとっては神の命令、すなわち宗教法である。それに従うことは、神に対する義務である。

キリスト教は、タナハを旧約聖書とし、新約聖書をつけ加えて、合わせて聖書とした。新約聖書は、イエス・キリストについての証言（福音書）や、イエス・キリストが救い主であることの教え（書簡）を含む。

キリスト教は、人間にはそもそも、神に背く本性（原罪）が備わっていると説く。ふつうの罪は行為責任であるが、原罪は、行為に先立つ存在責任（人間であることの咎《とが》）である。これをぬぐう唯一の方法は、罪のない神の子＝救い主イエス・キリストが、人間の罪を背負う身代わりとなって十字架で犠牲となることだ。神はそこまでして、人間を救おうと考えている。これを信じ、神の救いを受け入れることがキリスト教のなかみだ。

エバとアダムの堕落

以上が、正統なキリスト教の、罪についての教義である。

これと対照すると、統一教会の罪の考え方の特徴が、浮き出てくる。

＊

『原理講論』が重視するのは、エデンの園で、エバがヘビにそそのかされ、善悪を知る樹《き》の実を取って食べたことである。

エバは、アダムにも実を食べさせた。この樹の実は、食べてはいけないと神に命じられていた。実を食べたあとふたりは羞恥を感じ、イチジクの葉で身を覆った。戻った神はそれを見とがめ、アダムとエバを楽園から追放し、ヘビを罰した。

このエピソードは、人間が神の命令に背いたことが罪である、と通常解することになっている。アダムとエバが罪を犯したことで、人間は楽園を追放され、死ぬことになり、額に汗して働かねばならなくなった。女性は出産せねばならず、しかも出産が重くなった。つまり、人間に科されたこうした条件は、人類全体が連帯責任として負う、アダムとエバ以来の罪にともなう罰なのである。これをキリスト教は、原罪と呼ぶ。

＊

『原理講論』は、この聖書・創世記の記述を、文字どおりではなく、つぎのように比喩的に解釈する。

a．エバを誘惑したヘビの正体は、大天使ルシフェル（ルーシェル）だった。
b．実を食べたとは、ヘビとエバが汚れた性交渉をもったということだ。
c．アダムも実を食べたとは、エバと汚れた性交渉をもったということだ。
d．こうして堕落した人類は、汚れが血統により遺伝するので、罪をまぬがれない。

こうした比喩的な解釈は、聖書のテキストに根拠があるのではなく、かなり無理をした「牽《けん》強付《きょうふ》会《かい》」である。

堕落論の詳細

『原理講論』が実際にどのように、a～dを説明しているか、確認しておく。

a…《まずこの蛇は、天使を比喩したものであると見ることができる…。…ペテロⅡ二章4節を見ると、神は罪を犯したみ使いたちを許し給わず、地獄に投げ入れられたと記録されている…。このみ言は、天使こそが人間を誘惑して罪を犯させたその蛇の正体であるという事実を…立証している…》（九九頁）

《黙示録一二章9節を見ると、「巨大な龍、すなわち、悪魔とか、サタンとか呼ばれ、全世界を惑わす年を経たへびは、（天より）地に投げ落とされ」たと記録されている…、この古い蛇が、…エデンの園においてエバを誘惑したその蛇である…。しかも、この蛇が天より落とされたと記されているのを見ると、天にいたその古い蛇とは、霊的存在物でなくて何であろうか。…この霊的存在は、元来善を目的として創造されたある存在が、堕落してサタンとなったものであると見なさなければならない…》（九八―九九頁）

《神は天使世界を創造されてから（創一・26）、ルーシェル（明けの明星という意、イザヤ一四・12）に天使長の位を与えられた。…人間が創造される…以後に…愛の減少感を感ずるようになったルーシェルは、…エバを誘惑するようになった…。…愛に対する過分の欲望によって自己の位置を離れたルーシェルと、神のように目が開けることを…願ったエバとが（創三・5、6）、…不倫なる霊的性関係を結ぶに至らしめてしまったのである。》（一〇八―一〇九頁）

b…《人間の祖先が天使と淫行を犯すことによって、すべての人間がサタンの血統より生まれるようになった…》（一〇二頁）

c…《アダムとエバは、共に完成して、神を中心とする永遠の夫婦となるべきであった。ところが、エバが未完成期において、天使長と不倫なる血縁関係を結んだのち、再びアダムと夫婦の関係を結んだためにアダムもまた未完成期に堕落してしまった…。…サタンを中心としてアダムとエバとの間に結ばれた夫婦関係は、そのまま肉的堕落となってしまった…》（一一〇頁）

d…《原罪というものがあるが、これは人間始祖が犯した霊的堕落と肉的堕落による血統的な罪をいい、この原罪は、すべての罪の根となるのである。…真《まこと》の父母として降臨されるイエスのみがこれを知り、清算することができる…》（一二一―一二二頁）

堕落論のまとめ

以上が『原理講論』の堕落論のだいたいの内容だ。これは、どういう特徴があるのか。

第一に、罪＝堕落、だとする。

キリスト教（一神教）では、罪＝神に背くこと、である。神との関係で、罪が定義される。それは、堕落ではない。

統一教会では、罪は堕落である。神との関係でなく、サタンとの関係で、罪が定義されているからだ。サタンの誘惑に負けて、肉体関係を結んだことが罪なのだ。神はそのとき、何をしていたのか。サタンが誘惑するのを、神はほっておいたのか。『原理講論』はこうのべる。

人間は《その責任分担を遂行しながら成長し、完成しなければならない。この…間接主管圏…の圏内にいるときには、彼ら自身の責任分担を完遂させるため、神は彼らを直接的に主管してはならないのである》（二二九頁）。

要するに、神はほっておくしかなかったのだ、と言っている。この特徴的な考え方がなぜ出てくるのかは、創造論のところでのべよう。

＊

第二に、罪は血統によって継承される、とする。

キリスト教では、人間が一人ひとり神によって創造されるたびに、人間であることの条件として、罪あるものとして生まれると考える。罪（原罪）は、神と人間が関係するための前提であって、それを取り除くことができるのは神（イエス・キリスト）だけである。

統一教会では、人間が罪ある両親から生まれるたびに、罪（堕落）が遺伝のように受け継がれる。だがそれは、神の意思でない。よって、神が介入するならば、遺伝のように受け継がれる罪（堕落）が清められる可能性がある。それを清めるのは、真実の父母である。イエス・キリストは、結婚しなかったから、真実の父母になることができず、失敗した。

第三に、よって、メシアが真実の父母となって現れるならば、人びとの罪（堕落）を清めることができる。そのメシアこそ文鮮明だ、と信徒は信じるのだ。

合同結婚式へ

統一教会の教えは、性に焦点をあて、人びとの罪と堕落を厳しく非難する。現代社会の性の乱れに嫌悪感を持つ若者、それでも性に関心を持つ若者は、縮み上がる。本人が努力して清く正しくふるまっているとしても、十分でない。遺伝のように、エバとアダムの罪の堕落が、血統をたどって自分の身体に流れ込んでいるのだから。

そこで、未婚の男女は統一教会の厳しい監視下に置かれる。恋愛によって伴侶を見つけることができなくなる。それは汚れである。そこで文鮮明のアレンジによって決められた相手と、文鮮明夫妻の祝福を受けて、結婚することになる。これが、合同結婚式だ。

合同結婚式は、マスメディアに、興味本位で取材され取り上げられた。しかしこれは、統一教会の教義から導かれる、必然的な儀式である。合同結婚式が問題なのではなく、その前提が問題である。

ソンタークの『文鮮明と統一教会』

堕落論は、『原理講論』のなかでもっとも古く書かれた部分だろう。それは、文鮮明が活動を開始した当時の状況から推測できる。

フレデリック・ソンタークの『文鮮明と統一教会』(アビンドン社)という英語の本がある。わりに早い時期の統一教会についてのルポで、文鮮明へのインタヴューも載っている。統一教会の全面協力で実現した企画で、ソンタークは韓国語も日本語もできないので、かなり割り引く必要があるが、ごく早い時期の統一教会の様子や珍しい当時の写真がたくさん紹介されているのがよい点だ。

＊

文鮮明は一九三六年に最初の啓示体験をしてから、九年間にもわたる多くの祈りと研究を経て、のちに『原理講論』で明かされることになる「原理」にたどり着いた。平壌（彼によれば東方のエルサレム）に移って一九四六年六月から宣教を始めた。初期の信徒によると、手応えはなく貧しかった。そのうち布教のかどでソ連軍に逮捕され、労働キャンプに送られた。信徒がキャンプまで遠い道を歩いて会いに行った。キャンプは凍える寒さだったという。本はまだないので、初期の信徒は、口頭で「原理」の教えを聞いた。そのあと釜山に逃れた。『原理講論』の最初の草稿が書き終わったのは、そのあとである。一九六〇年に韓鶴子と再婚して、祝福を始めた。最初の妻は、そういう役目は嫌だと言うので別れたという。ほかにも妻がいたという未確認情報がある（『文鮮明と統一教会』七九―八四頁）。

初期の怪しい儀式

当時の朝鮮には《いかがわしいセックス教》が横行していた（浅見定雄『統一協会＝原理運動』七一頁）。文鮮明が統一教会を始めたのも、その流れの周辺だとも言われる。

＊

セックス教とはどういうものか。

宗教的儀式だ、救いのために必要だ、と称して、教団の指導者が信徒と性行為を行なう。あるいは、信徒同士に性行為を行なわせる。

宗教的儀式だからと言って、信徒と好き勝手に性行為をするというのは、教会の指導者にとって都合がよすぎる設定だ。いかにも怪しい。社会常識にも道徳にも反している。

*

こういうセックス教団があった場合、つぎの二つのケースがある。

第一のケースは、教団の指導者に、教義がインチキであるという自覚がある場合。信徒と性行為を行なうことが目的で、教義はそれを合理化するためのつけたりである。でも信徒にはその教義を信じさせる。

第二のケースは、教団の指導者に、教義がインチキであるという自覚がない場合。信徒と性行為を行なうのだが、それは教義から必要なことだと、信徒も指導者も信じている。この場合は、セックス宗教だから怪しいのだが、インチキだと断定するわけにはいかない。

どちらのケースか、第三者が判断するのはむずかしい。信徒は、教えられたとおりに教義を信じている。第一のケースか第二のケースか、教団の指導者しか知らない。第二のケースでは教団の指導者も信徒と同じことを考えているのだから、信徒が「騙された」とは言えない。

さらにややこしいことには、教団の指導者自身が、第一なのか第二なのか、半信半疑で自信がないケースだってあるかもしれない。

*

こういうことを考えると、ある宗教が「インチキ」で信徒を「騙している」と、第三者が判断するのはとてもむずかしいことがわかる。

取締り当局はふつう、だから、騙しているかどうかに関係なく、いかがわしい宗教を一律に取締まる。社会秩序を「紊乱」しているというのが、その理由だ。

*

統一教会はどちらだったのだろう。

文鮮明に聞いてみなければわからない。インチキなセックス宗教だと、解釈もできてしまう教団だったとは言えそうだ。

「血分け」の儀式

統一教会の教義にとって、「血分け」が重要になる。

『原理講論』の堕落論と、そこからの復帰の教義を考えてみると、それがわかる。

＊

人類が堕落から復帰できるためには、

（1）メシアが地上に送られ、結婚して、真の父母となる。

（2）真の父母が、人びとの罪の血統をぬぐい清め、神との関係を正しくする。

の手順が必要である。メシアは、神のもとから人間のかたちをとってやって来るので、罪の血で汚れていない。そして、イエス・キリストと違って地上で結婚し、地上で真の父母として神の王国を建設する。

では、真の父母はどうやって、人びとの罪の血統をぬぐい清めるのだろうか。

それには、堕落の出来事を打ち消す必要がある。

エバが堕落したのは、サタンと性行為を行なったからだった。そこで罪の血がエバに入り、アダムに伝わり、血統を通じて人類一人ひとりに伝わっている。

（堕落）サタンがエバと性行為　⇩　正しくない結婚と家族　⇩　罪の血統が全人類に

これを打ち消すためには、メシアが信徒の女性すべてと性行為をしなければならない。するとその結婚は正しいものとなる。こうして罪の血統をぬぐわれた人びとが、神の王国を地上に建設することができる。

（復帰）メシアが信徒の女性と性行為　⇩　正しい結婚と家族　⇩　神の王国を建設

文鮮明が信徒の女性と性行為を行なうことは、統一教会の教義からすれば、当然のことなのだ。これを、「血分けの儀式」という。

＊

文鮮明は、宗教活動を始めたころから、性的スキャンダルの噂にまみれていた。一九四六年に収監されたのは、「混淫」の容疑である。一九五五年の梨花女子大の事件も、被害女性の手記などで内実が明らかになっている（浅見、七二―七六頁）。

一九六〇年に韓鶴子と結婚してから、合同結婚式が始まった。ごく初期には、初夜の前に文鮮明が花嫁一人ひとりと交わったという。その後、結婚式で飲むぶどう酒に、文鮮明の体液を混ぜることにしたともいう。のちにはそれもやめ、ただの祝福になった。

合同結婚式のあとの初夜は、女性上位、など詳しく次第が決まっている。血を清める儀礼が、統一教会の教義の中心だから、そんなことを細かに決めているのだ。

創造論とは何か

第二に、創造論。『原理講論』が、神の天地創造をどう論じているか、その内容を要約してみよう。

創造論は、堕落論に比べて、議論が複雑でとても混み入っている。わかりやすく紹介するのが容易でない。

議論が混み入っている理由は、二つ考えられる。

一つは、文鮮明が執筆に困難を感じて、難渋したこと。うまく書けないから、理屈をこねくり回して、見通しが悪くなる。

もう一つは、もともと両立しない異なった原理を、つなぎ合わせているから。両立しないものを無理やりつなぎ合わせるのだから、論理が破綻する。それを誤魔化して目立たなくするため、もっともらしい用語を散りばめて、不必要にごてごてする。

実際は、この両方であると思う。

＊

それでも文鮮明は、苦労して『原理講論』をなんとか書き上げ、それを繰り返し説教するようになった。自分なりに、その議論が納得いったということだ。そしてこの創造論は、統一教会の教義の柱の一つとなった。

キリスト教の創造論

比較のため、ふつうのキリスト教の考え方を先に紹介しよう。

キリスト教の創造の教義は、つぎのようである。

最初に神がいた。神は、神の子イエス・キリストを生んだ。神と神の子から聖霊が現れた。神と神の子と聖霊は、三つで一つ。

それから世界を創造した。光あれと言うと光があり、…天も地も創造された。この世界、この宇宙は、被造物である。山も川も、植物も動物も人間も、被造物である。神はこうして、自然を造った。自然は、自然法則（神の命令）に従っている。

自然法則は絶対なのか。被造物は、自然法則に従う。神の命令だからだ。しかし神は、自然法則より上位にある。自然法則に縛られない。よって、神は意思すれば、自然法則を一時停止することができる。これが奇蹟である。奇蹟は、神が全能で絶対であることの証拠である。

これを不等式で表すなら、

神 ＞ 自然法則

これが成り立つのでなければ、一神教ではない。

統一教会の創造論

統一教会の創造論はどうか。

統一教会で、自然法則にあたるのが、「原理」である。

「原理」とは何か。

宇宙も、世界も、自然も、「原理」に従う。原理は絶対である。そこで問題は、神は原理に従うのか、それとも、原理が神に従うのか。このどちらであるかによって、統一教会の教義が一神教の枠内にあるかどうかが明らかになる。

＊

『原理講論』はどうのべているか。つぎのようにのべている。

a．神の性質は、被造物である世界を観察すれば、知ることができる。

b．被造物である世界はすべて、陽性と陰性の両性（二性性相）でできている。

c．それはなぜかと言えば、神の二性性相が被造物の世界に表れたからである。

d．アダムとエバが、完成されて夫婦となると、父母なる神は人間に臨在して安息する。

e．被造物は成長期にあるあいだ、原理に従うので、神はそれを間接的に眺めるだけである。

骨格を取り出してみると、以上のようだ。

＊

被造物である世界を観察するなら、神について知ることができるという。被造物の世界は、陽性と陰性の性質でできている。ならば神も、両性の性質を持っているのだという。すぐ気がつくように、これは、易の陰陽の考え方と同じである。儒教も道教も、世界は陰陽でできている、と考えてきた。朝鮮の人びとも、伝統的にそのように考えてきた。統一教会のいう「原理」は、ずばり言うなら、この陰陽の世界観を下敷きにしたものである。(これは、キリスト教なのだろうか?)

創造論の詳細

『原理講論』が実際にどのように、創造論のa～eを説明しているか、確認しよう。

a…《無形にいます神の神性を、我々はいかにして知ることができるだろうか。それは、被造世界を観察することによって、知ることができる》(四二頁)

聖書から学ぶのでもないし、正統なキリスト教の議論の蓄積から学ぶのでもない、ということだ。

b…《存在しているものは、いかなるものであっても、…陽性と陰性の二性性相の相対的関係を結ぶことによって、初めて存在するようになる…。…人間においても、男性には女性性相が、女性には男性性相が各々潜在しているのである》(四二—四三頁)

c…《それゆえに、森羅万象の第一原因としていまし給う神も、また、陽性と陰性の二性性相の相対的関係によって存在せざるを得ないということは、当然の結論だといわなければならない。…神を中心として完成された被造世界は、ちょうど、心を中心として完成した人間の一個体のように、神の創造目的のままに、動じ静ずる、一つの完全な有機体である。…その性相的な存在が神であり、その形状的存在が被造世界なのである。…被造世界が創造される前には、神は性相的な男性格主体としてのみおられたので、形状的な女性格対象として、被造世界を創造せざるを得なかったのである》（四六―四七頁）

《易学では、宇宙の根本は太極（無極）であり、その太極から陰陽が、陰陽から木火土金水の五行が、五行から万物が生成されたと主張している。…陰陽の中和的な主体であるその太極は、二性性相の中和的主体である神を表示したものである…》（四八―四九頁）

『原理講論』は自分で、世界が陰陽からできているという見方が、易学と同じだという種明かしをしている。易学は、太極を、陰陽が中和した「主体」だと見るわけではない。太極から万物が「生成」するのであって、一神教の場合のように「創造」されるのではない点に注意しよう。

d…《堕落というのは、人間と神との授受の関係が切れることによって一体となれず、サタンと授受の関係を結び、それと一体となったことを意味する。イエスは神と完全な授受の関係を結んで一体となられた、ただ一人のひとり子として来られたお方である。したがって、堕落した人間が、イエスと完全なる授受の関係を結んで一体となれば、創造本性を復帰して、…神と一体となることができるのである》（五三頁）

《アダムとエバが完成された夫婦として一体となったその位置が、正に愛の主体であられる神と、美の対象である人間とが一体化して、創造目的を完成した善の中心となる位置なのである。ここにおいて、初めて父母なる神は、子女として完成された人間に臨在されて、永遠に安息されるようになる…》（六一頁）

イエス（メシア）はひとであって、神ではないと考えているようである。また神は、陰陽の両方が合わさったものなので、「父母なる神」であって、人間の「完成された夫婦」に臨在することになるという。

e…《聖書に記録された創造の過程が、今日、科学者たちの研究による宇宙の生成過程とほぼ一致するという事実を知ることができる》（七五頁）

《被造物が成長期にある場合には、原理自体の主管性、または自律性によって成長するようになっている。したがって、神は原理の主管者としていまし給い、被造物が原理によって成長する結果だけを見るという、間接的な主管をされる…。…人間が完成するか否かは、神の創造の能力にだけかかっていたのではなく、人間自身の責任遂行いかんによっても決定されるようになっていた…。…このように、人間がそれ自身の責任分担を完遂して初めて完成されるように創造されたのは、人間が神も干渉できない責任分担を完遂することによって、神の創造性までも似るようにし、…人間も創造主の立場で万物を主管することができる主人の権限をもつようにするためであった（創一・28）》（七九―八〇頁）

世界は創造されても、完成してはいない。生成（成長）の過程にある。成長の過程は、原理に導かれている。その過程は、神が手を出さず（出すことができず）、人間の責任に任されている。神はこの過程に介入できないのだから、全能ではなく、奇蹟を起こすことができないと考えられる。

統一教会は一神教か

以上、『原理講論』の創造論をまとめると、つぎのようである。

- 神が世界を創造する。世界は「原理」に従って成長する。
- 「原理」が働いているあいだ、神は見ているだけで、手を出さない。
- 人間は、自分の責任で、成長する。その責任は、神の責任と同様である。
- 人間が成長し完成すると、人間と神は一体のものになる。

この考え方が、一神教か、それとも儒教・道教かと言えば、儒教・道教である。一神教の見かけを取っているが、それは見かけだけだ。なぜなら、

原理（自然法則）＞神

だからである。原理は、神が創造した秩序かもしれないが、いったん働き始めると、神のコントロールを超えている。原理が自動的に働いて、万物を成長させるのがこの世界だ。この考え方は、儒教・道教のものである。

＊

このように考えるなら、統一教会は、キリスト教と儒教・道教のハイブリッド（雑種）なのだが、どちらかと言えば、その正体は、儒教・道教であると考えられる。

生長の家がそうであったように、非キリスト教圏の社会が近代化するときに現れがちな、ニューソート系の信仰という性格を持っている。だから、「神霊」による「統一協会」として、諸教を習合しようと言い出すのだ。

人間の責任は五パーセント

この世界を神がすべて支配しているのではない。人間にも責任がある。ということは、人間の意思と行為が、（一部なりとは言え）この世界をかたちづくるので、神はそれに介入できない、ということである。しかも、その割合は、五パーセントなのだという。

《み旨は絶対的であるが、み旨成就は、どこまでも相対的であるので、神がなさる九五パーセントの責任分担に、その中心人物が担当すべき五パーセントの責任分担が加担されて、初めて、完成されるように予定されるのである。ここで、人間の責任分担五パーセントというのは、神の責任分担に比べて、ごく小さい…ことを表示したものである。しかし、これが人間自身においては、一〇〇パーセントに該当するということを知らなければならない》(二四三―二四四頁)

なお、引用文中にいう「み旨」とは、神の意思のことである。人間がこの責任分担を果たさないと、予定が狂って、神の計画は当初よりずれ込んでしまうのだそうである。

メシア論の構造

第三に、では、メシア論について考察しよう。

メシアはなぜ現れるのか。それは、成長を続ける世界が、完成するためである。けれども、『原理講論』は、それが失敗続きだったことを明かす。世界は、神の意図どおりに順調に発展するわけではないのだ。

＊

『原理講論』の「摂理的同時性の時代の対照表」（二四九頁）は、何を言っているか。メシアが再臨するまでのタイムテーブルだ。

『原理講論』によると、堕落のあと、人類を救おうとメシアが何回も、派遣された。

人類の堕落を清めるには、それ相応の手続きを踏まなければならない。これを「蕩減《とうげん》復帰」という。《それでは、「蕩減復帰」というのはどういう意味なのであろうか。…本来の位置と状態を失ったとき、それらを本来の位置と状態にまで復帰しようとすれば、必ず…その必要を埋めるに足る何らかの条件を立てなければならない。このような条件を立てることを「蕩減」というのである。…堕落人間がこのような条件を立てて、創造本然の位置と状態へと再び戻っていくことを「蕩減復帰」といい、…蕩減条件を立て、創造本然の人間に復帰していく摂理のことを「蕩減復帰摂理」という…》（二七三―二七四頁）。

＊

これは、キリスト教（一神教）の救済論とまるで異なっている。

キリスト教では、神は全知全能で、思うままに人間を救済できる。神が救い、人間は救われ

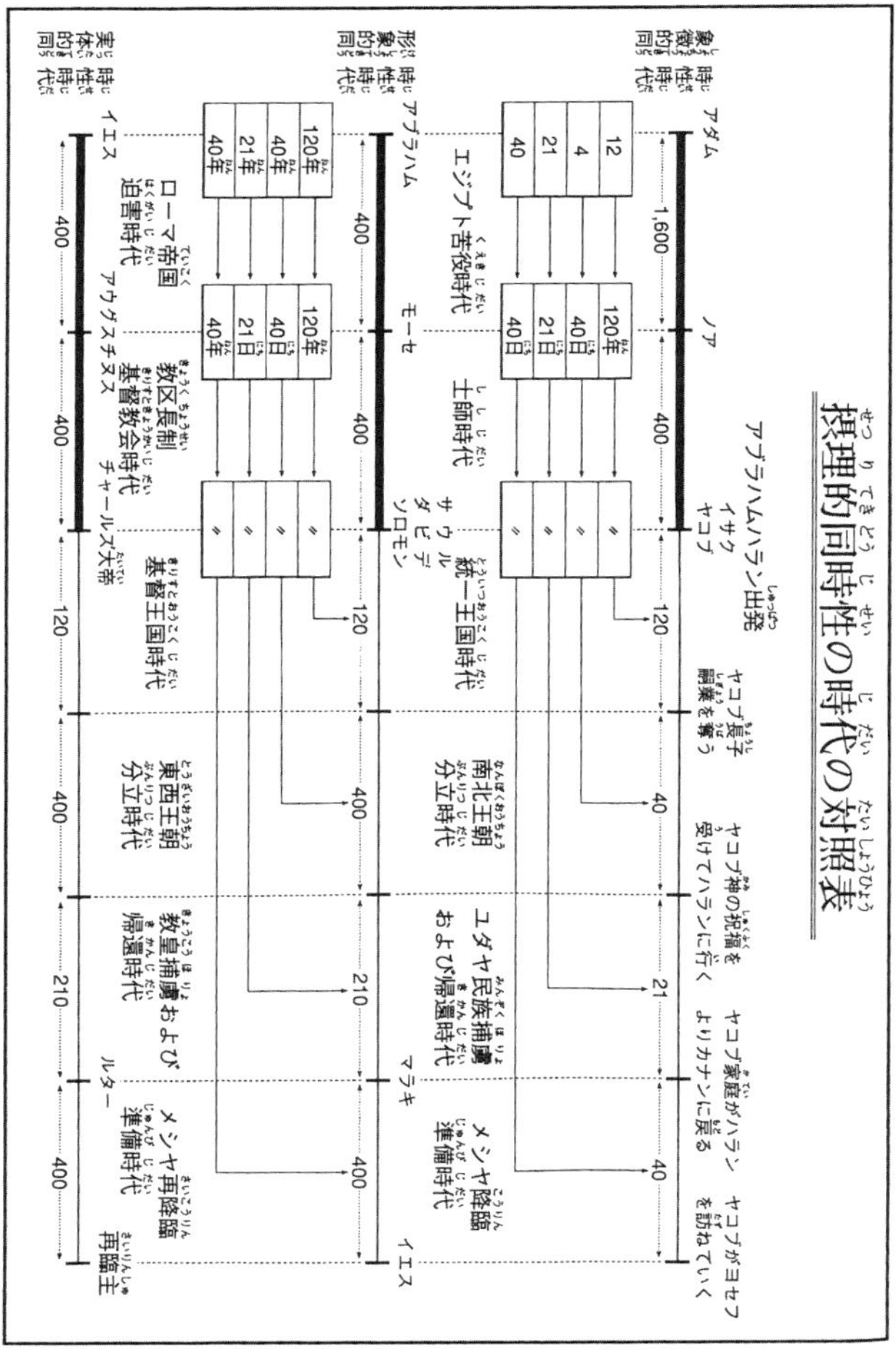

『原理講論・普及版』1994年１月10日４刷、光言社、435頁より
※表の向きは、原本の通り

る。人間は、救われるために、何かできることがあるかと言えば、何もない。カトリック教会は、救いのための執りなしができるというが、それも、イエス・キリストを経由することになっている。

『原理講論』の「蕩減復帰」は、救いのために人間にできることがある、という考え方である。逆に言ってもいい。神といえども、それに呼応した人間の側の努力なしには、人間を救うことができない。つまり、メシアが到来しても、人間が協力しないと、失敗してしまう。過去に失敗した。そのため、メシアが何回も到来することになるのである。

「摂理的同時性の時代の対照表」は、そのプロセスを示している。

失敗したメシア

メシアは何回もやって来て、失敗した。『原理講論』に書いてあるところをまとめると、つぎのようである。

- アダムがちゃんと家庭をつくるはずが、カインが殺人を犯し、やり直しになった。
- ノアが洪水のあとちゃんと家庭をつくるはずが、ハムが堕落し、やり直しになった。

- アブラハムがちゃんと家庭をつくるはずが、象徴献祭に失敗し、やり直しになった。
- ちゃんとした家庭（家庭的基台）をつくることは、メシアを迎えるための準備である。
- モーセは、岩を杖《つえ》で二度打ったことが罪となって、失敗した。

どうしてか。《モーセは、将来来られるイエスの模擬者であった》（三五〇頁）。《モーセは…一度打つべきであった磐石《ばんせき》を二度打ったので、磐石を中心とする「出発のための摂理」は、成就…できなくなり、…約束された…地を目の前に眺めながら、そこに入ることができなかった…。…水を出し得なかった磐石は、堕落したアダムを象徴する…。…一度打って水を出すようになっている磐石を、もう一度打ったという行動は、…イエスを打つことができるという表示的な行動となったので…それが罪となったのである》（三八五―三八七頁）。

砂漠で岩から水を湧かせたモーセは、なぜ神の怒りを買ったのか。古来、議論のあるところである。

『原理講論』の読解は、聖書を参照しつつも、比喩的な解釈を連ねていく。全体として、無理目の牽強付会と言うほかない。聖書やキリスト教になじみがないひとだと、すんなり騙されるかもしれない。

＊

・イエス・キリストはメシアだったが、人間と結婚しなかったので、失敗した。

この主張は、『原理講論』のもっとも重要な主張だ。イエス・キリストが神の計画と救いを完成しなかったというのだから、ふつうのキリスト教からは思い切り逸脱している。

《堕落した我々を原罪がない子女として生んで、神の国に入らせてくださる善の父母は、いったいどなたなのであろうか。…善の父母は、天から降臨されなければならないのであるが、そのために来られた方こそがイエスであった。…真の父として来られた方であった。…真の父と共に、真の母がいなければならない。…真の母として来られた方が、…聖霊である》（二六四―二六五頁）

《人間は霊肉共に堕落したので、なお、肉的新生を受けることによって、原罪を清算しなければならない…。イエスは、人間の肉的新生による肉的救いのため、必然的に、再臨されるようになるのである》（二六六頁）

『原理講論』は回りくどく書いているが、こういうことのようだ。イエスは、真の父だったが、人間の真の母と結婚しなかった。代わりに、霊である聖霊を真の母としたので、人間は霊だけが救われ、肉の罪はそのままになった。その宿題を解決するため、イエスはまたやって来るだろう、と。

イエスをどう理解する

ここは大事な点なので、『原理講論』の内容をさらに詳しく検討しよう。

＊

洗礼者ヨハネは、イエスに洗礼を授け、イエスがキリストであることを証したと、キリスト教では教える。しかし『原理講論』はこうのべる。《洗礼ヨハネは次第にイエスを疑うようになり、イエスに逆らうようになったため、…ユダヤ人たちは、自然にイエスを信じないという立場に陥らざるを得なかった…》(四〇九頁)。《神は、イエスをサタンに引き渡してでも、全人類を救おうとされた…》(四二二頁)。《堕落人間は、キリストを信ずることによって、彼と一体となるとしても、…その肉身はサタンの侵入した立場におかれている…。…霊的にはサタンの不可侵圏内に入るようになるから、…霊的救いのみが成就される…》(四二五頁)。《イエスは、原罪のない、神の血統を受けた直系のひとり子として来られ、堕落したすべての人類を彼に接がせて一体となることにより、彼らが原罪を脱いで神の直系の血統的子女として復帰することができるように…こられたのである。…しかし、弟子たちまでが不信に陥ったために、イエスは、洗礼ヨハネの立場から、一段上がってメシヤの立場に立つことができないままに、十字架で亡くなられたのである…》（四三〇―四三一頁）。

要するに、イエスはメシアとなるはずが、失敗した。復活したのち、《悔い改めて戻ってきた弟子たちの信仰と忠節》のおかげで、《霊的メシヤ》（四三一頁）となっただけだ、というわけだ。

イエスの再臨

では、メシアはいつ再臨するのであろうか。

《復帰摂理歴史から見れば、イエスは、蕩減復帰摂理時代（旧約時代）の二〇〇〇年を経たのちに降臨されたのである。それゆえ、蕩減復帰の原則から見れば、前時代を実体的な同時性をもって蕩減復帰する再蕩減復帰摂理時代（新約時代）の二〇〇〇年が終わるころ

に、イエスが再臨されるであろうということを、我々は知ることができる…》（五六一頁）

簡単に言えば、アブラハムからイエスまで二〇〇〇年なので、イエスからメシアの到来まで二〇〇〇年に違いない、と言っている。

＊

どのように再臨するのか。

再臨のメシアは、雲に乗って来るといわれる。しかし、《イエスが肉身をもって再臨されることによってのみ、摂理の目的が成就されるので…、…雲に乗って来られるのでは、決してその目的は成就されない…》（五六六頁）。《イエスが霊体をもって再臨されるのでないとすれば、彼が初臨のときと同様、肉身をもって再臨される以外にはないということは極めて自明のことであろう》（五七四頁）。要するに、どこかに生まれるということだ。

場所は、韓国

ならば、場所はどこか。

《イエスが十字架で亡くなられてからのちのイスラエル選民は、いったいだれなのであろうか。それは、とりもなおさず、…キリスト教信徒たち…である。…聖書はその国が「日の出《い》づる方《かた》」すなわち東の方にあると教えている…》(五八四―五八五頁)

そして、日本、中国、韓国のうち、《日本は…全体主義国家として…韓国のキリスト教を過酷に迫害した…。そして中国は共産化した国であるため、この二つの国はいずれもサタン側の国家なのである。…イエスが再臨される東方のその国は、すなわち韓国以外にない》(五八六頁)。日帝が植民地支配した四〇年は、ぴったり時間が合う。また、神が愛しサタンが憎むこの国は、三八度線で二つの勢力がにらみあっている。それも、韓国が再臨の地である証拠なのだという。

＊

要するに、文鮮明がそのメシアであると言いたいのが見え見えである。

けれども、『原理講論』の本文に、いくら目をこらしても、文鮮明がメシアであるとは、明記されていない。たぶん、統一教会の内部の講義のなかで、口頭で明かされるのだろう。

『原理講論』は預言の書

堕落論、創造論、メシア論を、三本柱とする『原理講論』。要するに結論は、つぎの三つになる。

(1) あなたは乱れた性によって、生まれつき罪深く、汚れています。
(2) それが救われるには、汚れのないメシアに、血を清めてもらう必要があります。
(3) 聖書は、メシアがいま韓国に生まれることを預言しています。そのメシアこそ文鮮明先生です。

以上が、『原理講論』の前編の結論である。

では、『原理講論』の後編はなにが書いてあるのかと言うと、イエスから二〇〇〇年経って韓国にメシアが生まれるという、年代の辻褄《つじつま》合わせである。

考え方はこうだ。旧約聖書の歴史と、イエス以降現在までの歴史が繰り返す、と考える。旧約聖書のアブラハムからイエスまでの二〇〇〇年間の出来事の流れを、年代に区切る。けっこう適当で強引に区切る。イエスから現代までの歴史の流れを、世界史の年表から、年代に区切る。けっこう適当で強引に区切る。そうするとあら不思議、年代の区切りがぴったり一致するではないか。だから現代は、ちょうどまたイエス（メシア）が再臨する、どんぴしゃのタイミングなのだ（二四九頁の表を参照）。

＊

なぜ、メシアの再臨まで、二〇〇〇年も待たなければならないのか。新約聖書には、メシアはすぐやって来ると書いてなかったか。

『原理講論』はいう、それには準備期間が必要だ。この世界の出来事は、神の予定で進みはするものの、人間の努力も必要である。人間は罪深いのだから、メシアを迎えるにはそれなりの段取りが必要である。この段取りを「蕩減復帰」という。アブラハムからイエスまで二〇〇〇年の準備期間が必要だったように、イエスからメシアの再臨まで、やはり二〇〇〇年の準備期間が必要なのである。

キリスト教に批判されるだろう

二五七頁に掲げた（1）も（2）も（3）も、ふつうのキリスト教からは出てこないプッツンな主張である。キリスト教をちょっとでもかじったひと、キリスト教の信仰を持ったひとは、おかしいと思って相手にしないだろう。

けれども統一教会は、キリスト教は間違いだと言う。イエスはメシアとなるはずだったが、なり損ねた。イエスの肉体に、サタンが入り込んだ。だからイエスは十字架につけられ、霊として復活するしかなかった。霊だから、聖霊と結婚して夫婦になった。よって、キリスト教を信じる人びとは、霊としては救われるかもしれないが、肉としては罪深いままである。よってどうしても、ほんとうのメシアによって、肉の罪を清めてもらう必要がある。

これもプッツンな主張だが、首尾一貫してはいる。朝鮮半島によくあるセックス宗教の主張を、聖書で証明されたかのようにこじつけたものである。

神の王国が実現する

では、韓国にメシアがいま現れるとして、何が起こるのか。

二〇〇〇年ぶりに現れるメシアは、今度こそ失敗するわけにはいかない。『原理講論』はこうのべる。

《再臨主はいくら険しい苦難の道を歩まれるといっても、初臨のときのように、復帰摂理の目的を完遂できないで、亡くなられるということはない。その理由は、神が人類の真の父母を立てることによって（前編第七章第四節㈠(1)）、創造目的を完遂なさろうとする摂理は、アダムからイエスを経て再臨主に至るまで三度を数え、この三度目である再臨のときには、必ず、その摂理が成就されるようになっているからであり、その上、後編第四章第七節に論述されているように、イエス以後二〇〇〇年間の霊的な復帰摂理によって、彼が働き得る社会を造成するために、民主主義時代をつくっておかれたからである。…彼が再臨なさる民主主義社会においては、たとえ、彼が異端者として追われることがあるとしても、それによって死の立場にまで追いこまれるようなことはないのである》（四二八頁）

《このように、神は天の血統を継承した直系の子女によって、地上天国をつくろうと計画されたのであった》（四二九頁）

＊

《サタンは、堕落した人間を中心として、将来、神がつくろうとなさるものと同じ型の世界を、先立ってつくってきたので、結果的に、人類歴史は、原理型の非原理世界を形成してきた…。…これが、すなわち、共産主義世界なのである》（四八七頁）

《民主主義は、結局サタンの独裁をなくして、再臨されるイエスを中心とする神の主権を、民意によって復帰なさろうとする、最終的な摂理から生まれた主義であるということを、

我々は知らなければならない》(五〇四頁)

《復帰摂理は、堕落人間が神の命のみ言により、神に対する心情を復帰して霊肉共に救いを受け、神の血統を再び受け継いで完成される…》(五五七頁)

《イエスは、地上天国を復帰されて、その復帰された全人類の真の親となられ、その国の王となるべきであった(イザヤ九・6、ルカ一・31〜33)。ところが、ユダヤ人たちの不信仰によって、その目的を成就することができなかったので、将来、再臨されて成就なさることを約束されてから、十字架で亡くなられたのである。したがって、彼が再臨されても、初臨のときと同様、地上天国をつくられ、そこで全人類の真の親となられ、また王とならなければならない…》(五七五頁)

《有史以来、全世界にわたって発達してきた宗教と科学、すなわち、精神文明と物質文明とは、韓国を中心として、みな一つの真理によって吸収融合され、神が望まれる理想世界のものとして結実しなければならない…》(五九六頁)

《再臨の主を父母として頂く、一つの大家族による理想世界がつくられるとするならば、当然言語は統一されなければならない…。…人類の父母となられたイエスが韓国に再臨されることが事実であるならば、その方は間違いなく韓国語を使われるであろうから、韓国語はすなわち、祖国語（信仰の母国語）となるであろう。…すべての人類は、一つの言語を用いる一つの民族となって、一つの世界をつくりあげるようになる…》（六〇三—六〇四頁）

＊

文鮮明が、イエスの再臨であり、メシアであれば、文鮮明とその妻を真の父母とする、地上の王国が実現する。文鮮明は王となり、世界の人びとは韓国語を用いることになるだろう、と預言している。

統一教会がこの地上に神の王国をつくるのは、共産主義（サタンの王国）と戦い勝利することと、切り離せない。だから統一教会は、反共産主義を掲げ、勝共連合を組織した。左翼系の学生運動と対抗するため、統一教会の勝共連合と生長の家系の学生組織が共闘したりもした。「共産主義反対」は、統一教会が体制にすり寄るために便宜上掲げたセールスポイントという面もあったが、文鮮明の苦しい体験にもとづく統一教会の信仰の不可欠の一部であるという、教義上の必然もあった。

時間が切迫している

『原理講論』は、以上のように読解できるだろう。すると、統一教会の人びとがなぜあんなに焦燥感にかられて、必死に活動しているのか、その理由がわかってくる。

とにかく時間がない。

終末がそのうちやって来ます、ではない。もう、メシアが誕生しているのだ。メシアが生きているうちに、地上に神の王国が実現する。いや、何としても実現させなければならない。その大筋は、聖書と『原理講論』で決まっているとしても、それを具体化する責任は、人間にある。自分たち統一教会の信徒にある。それに、統一教会の教団としてのサイズは、そんなに大きくない。文鮮明もそれなりの年齢で、彼を王にするには、やるべきことがいっぱいある。急がなければならない。忙しくて仕方がない。統一教会の教えをまじめに信仰すればするほど、焦る思いが募るであろう。

*

地上に神の王国が実現する、とはどういう状態か。

統一教会の信徒の人数が、とにかく増える。それを基盤に、キリスト教やイスラム教や、仏教やヒンドゥー教や、さまざまな宗教が統一教会に流入し、融合する。

世界の人びと、世界の国々が、文鮮明をメシアと認める。

共産主義は解体し、平和がもたらされる。
文鮮明が、王として、全人類を統治する。
韓国語が、世界の共通語になる。
⋮
そうなるまでには、まだまだではないか。

＊

では、何が必要か。

第一に、信徒を増やすことだ。布教・宣教だ。正面から勧めても統一教会に関心を持たないひとが多い。ならば、統一教会の看板を隠して、ビデオ・セミナーですとか、チャリティー・イベントですとか偽り、人びとを引き込む。

第二に、お金を集めることだ。集めて集めて、もっと集める。お父様が必要としているのです。お金を集めて神の王国の建設を進めなければならない。目的が正しいのだから、手段が強引でも、壺や印鑑を売りつけるのでも、かまわない。何としても、目標を達成する。

第三に、権力に近づくことだ。世界中の政府、世界中の有力政治家が、文鮮明をメシアと認めること。できれば彼らが信徒になると、いちばんよい。政界工作には、資金も必要だ。

とりあえず、これらを全力でやることだ。

信徒を増やす ⇩ 資金をかき集める ⇩ 権力に喰い込む

これをがんがんやりまくる、が統一教会の活動方針だ。

＊

これは、神の王国を地上に建設するための準備なのだが、見ようによっては、教祖である文鮮明の、金銭欲や権力欲に奉仕しているだけ、のようでもある。どちらなのかは、歴史が明らかにするだろう。

2・3　統一教会と霊感商法

統一教会と言えば、霊感商法である。

強引なやり方で、壺や印鑑を売りつける。教団ぐるみ、組織ぐるみで、目をつけたプチ金持ちからありったけを巻き上げる。その手口や実態は、浅見定雄『統一協会＝原理運動』や有田芳生《よしふ》『改訂新版　統一教会とは何か』に詳しい。

日本はエバ国家

文鮮明によれば、日本は、韓国を虐げた悪の国であるが、アダム国家である韓国の妻となって助ける「エバ国家」の役割を与えられた。経済を通じて、韓国に貢献しなければならない。統一教会の資金の流れを見ると、日本からの献金が最大の資金源になっている。

エバ国家であるかどうかはともかく、これは、はじめからそういう計画だったのだろう。

統一教会は、韓国では競争相手が多い。

韓国はそもそも、キリスト教徒の割合が多い。プロテスタントの各宗派やカトリックが人びとのあいだに広まっている。統一教会は異端で、そもそも警戒されている。梨花女子大の事件もあったことゆえ、つねに猜疑《さいぎ》と悪評がつきまとっている。反社会的な資金集めを大々的に展開するのは、韓国では無理があるのだ。

日本は、韓国と違って、キリスト教徒の割合が少ない。ということは、既存のキリスト教界からの介入や圧力が、韓国ほど激しくない。現に、やはり異端の宗派であるエホバの証人は、数十万人の規模に急成長しているではないか。それは、キリスト教によく似ているように見えるが異端の統一教会は、日本で発展の余地がある、ということである。統一教会はそれを早い段階で見抜き、理解し、日本にミッションを送り込んだ。結果から言えばこれは、ある程度成功した。

＊

要するに日本は金づるだ。ＴＢＳ「報道特集」の調査によると、一九九九年度から二〇一一年度まで毎年約六〇〇億円を、日本の信徒から集めている。それ以後もずっと、集金は続いている。集めた資金のかなりの部分が、韓国に送られたと推定される。

アメリカのムーニーズ

日本と韓国とアメリカは、それぞれ位置づけが違った。韓国は、本国で本拠地。日本は、資金源。そしてアメリカは、地上に神の王国を建設するための戦略拠点だった。

統一教会は、資金にものを言わせて、アメリカに根を張り、政権にも接近をはかった。次第に人びとの注目を集め、英語でムーニーズと呼ばれるようになった。アメリカには、禅やヨガや東洋思想に興味を持つ人びとが多い。正統からはみ出したさまざまなキリスト教系新宗教も多い。それらに混じって、統一教会は少しずつ地歩を築いていった。

だが、やり過ぎたのだろう。八〇年代には、脱税で文鮮明が摘発され、実刑判決を受けた。アメリカでは、献金を受けた牧師を脱税で摘発するのは、よくよくのことだ。ともかくこの件で、文鮮明と統一教会は、大きな挫折を被ることになる。

＊

なおこの時期に、文鮮明の釈放を求める手紙を、岸信介元首相がレーガン大統領に出していることが、最近明らかになった。手紙の日付は一九八四年一一月二六日（佐高信《さたかまこと》『統一教会と改憲・自民党』一五頁）。岸元首相は、統一教会・勝共連合と接触し自民党とのパイプをつくった人物だ。よほどの持ちつ持たれつの関係があったことをうかがわせる。この縁が、孫の安倍晋三にまでひき継がれたというわけだ。

霊感商法とは

いわゆる霊感商法は、マルチ商法と違って、もっと悪質で組織的な犯罪である。

＊

商取引は、売り手、買い手の双方の合意（契約）によって成立する。その際、商品についての情報が正しく伝えられていること、合意（契約）が任意になされること、などの条件が満たされている必要がある。相手を騙せば、詐欺になる。

マルチ商法は、ネズミ講と類似していて、新規の加入者を募り、ネットワークが拡大していくと、早くに加入していたものが配当を受け取り、儲《もう》かる仕組みとなっている。ネズミ講はただ出資するのだが、マルチ商法の場合は、商品を買い取る商取引の外見をとっている。

マルチ商法は、取引きの仕組みの説明を受け、本人が合意して、儲けるつもりで参加する。結果的に儲からず、大部分のひとは被害に遭う。

＊

霊感商法の場合は、ネットワークは存在せず、ターゲットとされた顧客が、本来なら買わなくてもいい商品をつぎつぎ高額で買わされてしまう、というやり方である。

なぜ買わされるのか。統一教会の信徒がチームをつくって、顧客の心理をたくみに操り、どうしても商品を買わなければならない心理状態にさせてしまうのである。

顧客は、統一教会の信仰を持つわけでも、その世界観をシェアするわけでもない。売り手が統一教会であることを、そもそも知らないかもしれない。しかし、先祖の祟《たた》りだとか、本人が理解できる不幸の原因を吹き込まれて、それを逃れられるならばと、商品を買う。あるいみ合理的に、非合理な行動をしているのである。

対する売り手のチームは、相手を騙しているという一致した認識を持っている。そして、統一教会の信仰を共有している。統一教会は資金が必要だ。資金を集めるのは正しいことだ。だから教団の任務として、また、信仰を持つ者の義務として、チームとして行動する。そのためのマニュアルもある。売り手のチームの人びとも、合理的に行動している。

この組み合わせが霊感商法だ。

霊感商法は、マルチ商法と違って、どこまでも自分で拡大していくメカニズムを持っていない。代わりに、つぎつぎ獲物となる顧客を見つけなければならない。反社会的な販売方法なので、社会問題となる。そして、早晩、行き詰まる。

＊

若者とカルトと世界観

そもそもなぜ、多くの若者が、こうしたカルトの一員となるのだろうか。

それは、若者が若い時期に共通に経験する、精神世界の形成と世界観の獲得に関係する。

子どもは家族の一員として育ち、家族に依存している。

次第に、友人との社会関係に、軸足を移す。仲間に受け入れられるかどうか。はじめはおっかなびっくりだ。そして、仲間との結束を優先し自分を犠牲にすることができるなら、このプロセスは完成する。そして、それを経由して、最終的には、

自分（自分の世界）―家族―社会集団（仲間の世界）―世界（世界観）

という精神世界の広がりを手に入れる。これが大人だ。

＊

日本の学校では、部活やサークルが大きな意味を持つ。子どものころからの世界を打ち破る社会集団として大事なのだ。部活には、甲子園やインターハイなどの目標がある。その目標に、かなりの時間とエネルギーを使って、みなで献身する。自分や家庭を中心にした世界を乗り越え、社会的な能力を手に入れる。

部活やサークルは害が少ない。卒業してしまえば、解放される。それに経済や政治や宗教と切り離されている。どんな経済活動をするかは、本人の就職の問題。どんな政治思想や宗教を

選びとるかは、本人がどんな世界観を身につけるかの問題である。

学生運動も、部活やサークルと似たところがある。学生運動は、政治と関係あることになっている。けれども卒業し、就職してしまうと、たいてい学生運動と関係なくなる。

*

統一教会のようなカルト的な宗教団体は、これと異なる。第一に、卒業がない。いったん加入すると、離脱しない(できない)仕組みになっている。第二に、資金集め(経済活動)をさせられる。社会的な非難を浴びるかもしれない。第三に、宗教団体は特有の世界観を持っている。それを受け入れることが求められる。要するに、青年期に必要な社会集団(仲間の世界)も世界観もいっぺんに与えられて、当人の半生を包み込んでしまうのである。

カルト的でないふつうの宗教は、こうしたことがない。ふつうの宗教は、経済とも政治とも無関連化されている。その宗教を選び取って、世界観に組み込むとしても、経済や政治やそれ以外の領域を、自分の考えによって組み立てなければならない。つまり、害がない。

まじめで潔癖

ではどんな人びとが、統一教会に引き込まれるのだろうか。

きっかけは、街頭のアンケート調査とか、友達にビデオ・セミナーに誘われたとか、いろいろであろう。総じて言えば、統一教会に引き込まれるのは、まじめで知力の高い若い人びと、つまりごくふつうの人びとである。

統一教会は、性にこだわり、性が堕落と罪の始まりであるとし、純潔を強調する。消費社会の爛熟《らんじゅく》や歪んだ性文化に眉をひそめるタイプの若者は、この教えに共感を覚える。また統一教会は、聖書の解釈というかたちで、体系的な世界観を提供する。キリスト教や聖書になじみのなかった若者は、キリスト教っぽい外見を真に受けて、その教義を受け入れてしまう。

統一教会は、部活やサークルのノリがある。信徒を増やすことは、組織の目的でもあり信徒の実績にもなるので、みなとても親切だ。有田芳生『改訂新版　統一教会とは何か』(二〇二二年、原著は一九九二年)は、献身(専従者となること)してニセ募金や霊感商法に日々を送った当時の、元信徒の日常を生々しく描いている。

それは洗脳なのか

アメリカでキリスト教系カルトの反社会的事件が問題になり、教団から連れ戻した若い信徒を「脱洗脳」する専門家が現れた。キリスト教の牧師やソ連の洗脳の技術に詳しい臨床心理学者らである。カルト宗教が人びとを信じさせるのが洗脳なら、信じさせられた人びとに責任はない。でもそのかわり、信徒であった当時の人格は、本人の人格と認められないことになる。これはこれで、辛《つら》いものがあるだろう。

統一教会の場合、人格改造セミナーのような技法を使うとは言え、洗脳であるとは言いにくい。それは、宗教の枠内にとどまっており、本人の納得と同意にもとづいて、教団の活動に従事させている。本格的な洗脳の技法で、本人の人格を操作しているとまでは言えない。

＊

それなら、統一教会の反社会性は、どこにあるのか。

それは、統一教会が、「地上の神の王国」という、経済と政治と宗教にまたがる閉じた世界観を提供し、その内部に信徒を閉じ込めるところから生まれている。

先の図式で言えば、統一教会が提供するのは、社会集団（仲間の世界）＝世界（世界観）という閉じた世界であり、その世界を、再臨のメシア（文鮮明）が主宰している。信徒はそこで、生きる意味と価値を与えられる。よってそこから、抜け出すことができにくくなる。

この閉じた世界は、信徒から、時間とエネルギーと金銭を吸い上げる。信徒がそれを提供しておかしいと思わないのは、そうした貢献は、意味があり、価値があり、「地上の神の王国」

を実現させるためである、と信じるからだ。「地上の神の王国」が実現するなら、そうした努力と献身は報われる。「地上の神の王国」は、甲子園やインターハイが大がかりになったようなものなのだ。

収奪のメカニズム

統一教会は、大規模で体系的な収奪のメカニズムをこしらえた。とくに日本で。

これは、周到に計画されており、反社会性が高い。カルトの条件にもぴったりあてはまる。

それがどんなメカニズムなのか、整理してみよう。

＊

収奪の第一。信徒の時間とエネルギーと金銭をいくらでも提供させる。

なぜ統一教会の信徒は、時間やエネルギーを教団に提供するのか。それは、メシアが到来して、まもなく神の王国が建設される、と信じるからである。

人間は、信仰のため、あるいは自分の信じる価値のため、時間とエネルギーを用いる。それなりの金銭も提供する。当たり前のことである。

統一教会の場合、それが極端である。学校をやめ仕事をやめ、すべての時間とエネルギーを提供することが望ましいとされる。実際にそうする人びとも多い。それは、望ましいだけではなく、義務である。なぜなら、神の王国は、神が一〇〇パーセント自分の手で建てるのではなく、人間の協力と献身も必要だからだ。人間の力が合わさらないと、この世界は完成しない。『原理講論』の説く神学である。だから時間もエネルギーも金銭も、自分の持てるすべてを投入する。その見返りは、信仰をまっとうしたという満足感だ。

統一教会が信徒に求める信仰と献身は、度を越している。信徒が通常の社会生活を送るのをむずかしくする。家庭や社会にマイナスをもたらす。カルトの定義に、ぴったりあてはまる。収奪なのは明らかだろう。

＊

収奪の第二。一般市民を騙して金銭を収奪する。

統一教会は、金銭をかき集めようという要求が、ほかの新宗教と比べてもケタ違いに強い。ノルマを信徒に割りあてる。集金のための活動も組織している。有田芳生『改訂新版　統一教会とは何か』から紹介しよう。

ニセ募金の場合。…信徒数名がチームとなって、ワゴン車で寝泊まりしながらキャラバンで農村を回る。身元を明かさず、適当な慈善募金の名目で、一軒ずつ署名を集めて回る。地図をもとにルートを決める。村外れの家から始め、一〇〇〇〇円を寄附してもらえると、あとは横並びで寄附してもらえる。集まった募金は大部分を教団に上納する。自分たちの食費にもあてる。ごく一部は寄附されるかもしれない。信徒は朝から晩まで、ほとんど寝る間もない。

ほかに、珍味販売などのキャラバンもある。その日のノルマに達しないと、夜は繁華街で遅くまで販売を続ける。

霊感商法の場合。…印鑑展や壺・多宝塔の展示会でゲスト（犠牲者）を集め、ビデオ・セミナーのあと霊界を信じるか、貯金の額などを聞き出す。トーカー（霊能師役）、ヨハネ役（先生を証する役）、などと手分けをして、ゲストを説得する。先祖の因縁などと言いくるめるのだ。一〇〇〇万円以上の貯金があるゲストをS客といい、なかには一億円出すゲストもいた。

*

収奪の第三。日本から韓国に送金する。

統一教会の活動資金の大部分は、日本から韓国への送金でまかなわれた。最盛期には毎年一〇〇〇億円。数百億円だった時期も長かった。それらすべては、日本の信徒の献身と、被害者の犠牲によってまかなわれたのである。目標どおりに資金を集められれば、統一教会の専従職員は上司に評価されただろう。

このほか合同結婚式に参加する際にも、五〇万円とか一五〇万円とかの現金を持参するようにとも言われる。
日本はエバの国だと、『原理講論』に書いてある。だから、献金するのは当たり前なのである。韓国の人びととの歴史認識にも合っている。

集金の三段ロケット

以上をまとめると、こうなる。

A　信徒の時間とエネルギー（無償労働）
⇩
B　一般市民の金銭を巻き上げる（集金マシン）
⇩
C　韓国へ送金する（送金マシン）

全体は、三段構えのロケットになっている。第一段（A）は、信徒の無償労働でまかなわれている。ビジネスで言えば、賃金を支払わないのだから、売上げがそのまま収益になる。丸もうけである。第二段（B）は、その燃料（信徒の無償労働）をなるべく効率的に、現金に変換する。それは、一般市民を騙して金銭を巻き上げることだ。第三段（C）は、韓国への送金。送金された潤沢な資金は、統一教会の関連企業に投資されたり、政治工作資金になったり、そのほかの活動資金になったりするのだろう。

日本のメディアはしばしば「霊感商法」（だけ）を、統一教会のスキャンダルとして取り上げる。社会常識にも道徳にも反する、と。それはそうだが、霊感商法（B）を、全体の文脈のなかに置いてみなければならない。そもそも霊感商法は、信徒が組織的に行なう活動である。信徒は「正しい」と思って、この活動に従事する。信仰とその世界観が、それを可能にする。霊感商法の個々の手口が悪質かどうか、が問題なのではない。ふつうの人びとが統一教会の信徒となることで、こうした組織活動（組織犯罪と言ってもよいレヴェルである）に積極的に参加し、この集金マシンの歯車となることのほうがずっと問題だ。そして、このような集金マシンが日本国内で大量の資金を調達し、それを毎年韓国に送金していること（その一部は、北朝鮮に流れているかもしれないこと）が、ほんとうの問題だ。

かつてこの問題を、当局が調査しようとしたとき、「政治の力」が働いてストップさせた。

その「政治の力」（当時の自民党首脳）は、国益と社会正義に害をなすきわめつきの犯罪者だと言わなければならない。

祝福を受けるため

若い信徒はなぜそこまで、献身的に活動し続けるのか。

それが信仰だと言ってしまえば、そうである。信仰のなかで、合理的に意味づけられてはいる。統一教会は、性の純潔を重視する。結婚前の異性交際はご法度だ。そして、教団外の一般人と結婚するのでは、罪の血を清めることができない。救われる唯一の道は、文鮮明の祝福を受けて合同結婚式に参加することだ。そして、そろそろ祝福を受けてもいいよと言われるためには、何年も教団で献身的に働き、認められなければならない。

『原理講論』は、人間の努めを強調する。神の予定を完成させるには、人間の側の努力が必要である、と。統一教会の信仰を持つとは、神に対する責任を持つこと、そして、真のお父様（文鮮明）に対する責任を持つことである。どこまで努力しても、十分ということがない。時間とエネルギーをいくらでも吸い上げる構造になっている。

2・4　統一教会と自民党

信仰を燃料に、集金マシンがフル回転する、統一教会のカルトとしての側面を見た。それでは、統一教会のもう一つの側面、その政治活動をどのように理解すればよいか。

統一教会は、国際勝共連合を組織した昔から、岸信介元首相に接近し、それ以後も自民党の有力者に喰い込んできた。単一の宗教団体で、ここまで水面下の影響力を持つに至った団体はない。その実際を理解しなければならない。

なぜ政治に近づくのか

統一教会が、政権与党である自民党に近づく理由は何か。

いくつか考えられる。

第一に、統一教会を守るため。

統一教会は、「息子、娘を帰せ」という信徒の親とのトラブルや、霊感商法でのトラブルを抱えている。巨額の資金を韓国（から北朝鮮）に移動させているという疑惑もある。こうしたトラブルや疑惑に、当局が動き出すことのないように、政治家とのパイプをつくっておくことは重要だ。だから、自民党に接近するのである、と。

その要素はたしかにある。公安警察関係者の証言も、それを裏付けている。しかしこの点だけに気を取られると、統一教会の本質を見失うことになる。

第二に、統一教会の政治的主張を訴えるため。

統一教会は、反共産主義を旗印にして、勝共連合を組織していた。統一教会の学生組織は、生長の家の学生組織と協力したりもした。社会主義、共産主義が知的世界に大きな影響力を持っていた冷戦期、反共を掲げる運動は保守政党にとって援軍として使い道があった。その見返りに、統一教会は、自分たちに都合のよい政策が実現するよう、自民党に影響力を与えようとした。

その要素もないとは言えない。けれども、統一教会は、どうしても実現したい政策プランをそんなに持っていない。生長の家〜日本会議との違いである。

神の王国の成立を実現する

『原理講論』をよく読むと、統一教会の世界観が浮かび上がる。統一教会は、こうした世界観にもとづいて、自民党にアプローチしている。自民党の政治家たちは、こうしたことをどこまでわかっていたかわからない。うすうす感じながら、軽く考えていたのではないか。政治にたずさわる者として、不見識きわまりないと言うべきだ。

統一教会が自民党に接近するのは、まさにつぎの理由による。

第三に、地上に神の王国を実現させる準備のため。

『原理講論』は、メシアは雲に乗ってやって来るのではなく、地上（韓国）に人間として誕生する、と言う。雲に乗ってやって来るのなら、イエスが再臨したのは明らかだ。地上の王たちは統治者の座を明け渡し、イエスの統治（神の王国）が開始される。そうでないとしたら、何をきっかけにして、メシアの統治（神の王国）が開始されるのか。それはたぶん、

（1）統一教会の信徒の人数が十分に多くなる。

（2）ほかの教会や教団の人びとが、文鮮明をメシアと認め、統一教会に合流する。

（3）アメリカ、日本など主要国の政府が、神の王国の成立を認める。

であろう。(1)と(2)は、宗教活動によって実現する。実際そうなるかは別にして、理屈のうえでは考えることができる。(2)は、「世界基督教統一神霊協会」のめざすところでもある。

けれども、(3)は、宗教というよりも、政治的な変革だ。既存の国民国家のうえに、メシア(文鮮明)が君臨する神聖政体が樹立されたことを承認する。そんなことは、とてもありそうにないが、でも、それをきっかけにしないと神の王国は成立しない。雲に乗って再臨するイエスは、天の軍勢を率いて来る。文鮮明の統一教会は軍事力を(とりあえず)持っていないから、主要国の政府が、神の王国の成立を認めないと、スタートできないのだ。

*

正気の沙汰ではないと思えるかもしれない。だが、それを言うなら、イエス・キリストの再臨も似たようなものだ。

自民党の政治家は、現実的なつもりでいる。統一教会の語るストーリーを、ただの宗教的な妄想さ、と軽く聞き流す。それに耳を傾けるふりをして、選挙に勝てればよい。だが、統一教会の側は、本気で自民党にアプローチしている。その「本気」の部分を、甘く見ないほうがいい。

時間がない

ところで、文鮮明にはあまり時間が残されていなかった。

一九二〇年生まれの文鮮明は、韓鶴子と一九六〇年に結婚したころ四〇歳。世紀の変わり目には八〇歳になる。『原理講論』は預言している。再臨したメシア（文鮮明のこと）は今度こそ、神の計画を完成させ、地上に神の王国を建てないで死ぬことはないだろう。つまり、文鮮明が元気で生きているあいだに、統一教会は、アメリカや日本など主要国の政府から、神の国の成立を認められなければならない。

そういう情勢をつくり出すには、まったく時間が足りない。

まず、統一教会の信徒が、うんと増える様子はない。さまざまなスキャンダルのためもあって、信徒の増勢は止まっている。信徒の二世を教団につなぎ止めておくのがやっとである。

ほかのキリスト教会が、統一教会に合流する動きは、さらさらない。

資金も信徒の人数も先細りなので、政治資金をばらまくわけにもいかず、選挙で集票する能力も低い。こんななか、どうやって自民党への影響力を拡大すればよいか。

統一教会の政界工作

統一教会は、さまざまな関連団体をつくり、政治家や言論人に働きかけてきた。

たとえば、世界平和教授アカデミーである。統一教会の関連団体だ。『知識』という雑誌を出している。その昔、私にも寄稿の依頼があった。原稿料が高めに設定してあった。商業誌なら寄稿します、特定の宗教団体と関係ある雑誌には寄稿しません、どっちですか、と電話で尋ねた。『知識』が統一教会の関連雑誌だと知っていて助かった。そうしたら以後、依頼は来なくなった。

その手のセミナーや会合がほかにもいっぱいある。統一教会は、それらの場に、（主に自民党の）政治家らを引き込もうとする。写真を撮ったり、メッセージを寄せたり、講演したり。それらがすべて、統一教会にとっては、宣伝になり追い風になり、政治的なポイントになるのである。

＊

こうした政治家らと前向きなつながりを確保するためにも、選挙があるたびに実務部隊を派遣する。彼らは訓練されていて、仕事をてきぱき処理できる。

もっと喰い込むために、私設秘書を送り込む場合もある。議員の日常業務のあれこれを担当し、事務所にとってなくてはならない存在になればしめたものだ。

こうした長続きするつき合いがあれば、議員は、セミナーや会合に誘われれば断りにくい。統一教会から見て、自分たちの息のかかった政治家、ということになる。

＊

統一教会の最終目的は、文鮮明をメシアとする神の王国の成立を、政府が認めること。それには、首相以下、内閣のメンバーと、国会議員の大多数が、統一教会の教えを理解し、支持しなければならない。

その最終目的に向けて、政治家がどういう状態にならなければならないか。統一教会にとって望ましい順番に並べると、つぎのようだ。

(1) 国会議員のほぼ全員が、統一教会の信徒となる。
↓国会が、神の国の成立を認めると決議する。政府が、日本国は神の王国の統治下に入ると宣言する。

(2) 国会議員の大部分が、統一教会のシンパとなる。

→自民党の国会議員の大部分が、統一教会の信徒またはシンパとなる。

（3）国会議員の相当数が、統一教会に理解を示す。
→自民党の有力政治家らが、統一教会のシンパとなる。

（4）国会議員のごく一部が、統一教会に理解を示す。
→政府は統一教会を、取締まらない。

安倍（元）首相が安倍派を率い、自民党の長期政権を担っていた当時は、（4）と（3）の中間だった。統一教会は、もうちょっとで（2）、いや（1）が実現するかも、と思っていたかもしれない。

＊

統一教会にとっては、だから、政治家は教育の対象である。もっと統一教会の教えを理解させる。文鮮明と韓鶴子が「真の父母」であるとわかってもらう。みんながそう思えば、（2）の状態だ。そうすれば（1）、つまり神の王国の実現まであと一歩だ。

日本を「原理」にもとづく「統一教会国家」に再編するのが、彼らの狙いなのだ。

なぜ選挙ボランティアか

選挙ボランティアは、だから、統一教会が自民党の政治家に喰い込むための突破口だ。

これは、戦略的に練り上げられた作戦だ。そして「霊感商法」と同じやり方だ。

＊

霊感商法は、チームで取り組む。マニュアルがある。先輩が後輩を手引きし、事前によく練習する。統率が取れていて、無駄がなく、朝から晩までよく働く。目標はただ一つ、売上げ目標を達成すること。

選挙ボランティアも、チームで取り組む。マニュアルがある。ベテランも新人もいるだろうが、事前によく練習する。統率がとれていて、無駄がなく、朝から晩までよく働く。目標は、票を集めて選挙に勝つこと。でもその裏のほんとうの目標は、候補者の政治家を抱き込んで統一教会のシンパに仕立て、可能なら信徒にしてしまうこと。信徒になれば、メシア文鮮明の言うことを聞かなければならなくなる。

＊

自民党も、多くの野党も、党組織は弱体である。個人後援会はあるかもしれないが、地方の党組織は実体がないに等しい。頼りになる実働部隊もいない。候補者は、人集めから選挙事務所の立ち上げまで、全部自分でやらなければならない。

そんなとき、ボランティアの一団が乗り込んできて、ポスター貼りから投票依頼の電話かけから、何から何まで任せてくださいとどしどしやってしまう。とにかく場数を踏んでいて、経験値が高い。候補者より選挙に慣れていたりする。ボランティアは有償だったり無償だったりするのだろうが、こんなに安心なことはない。聞けば統一教会の信徒の人びとだというが、何かまうものかという気になる。とにかく選挙の役に立つのだ。

安倍首相は統一教会とパイプがあり、安倍派を中心に、こうした選挙ボランティアを手配する役割をかねていたという。それが、安倍氏の政治力の一端でもあった。

カルト宗教が魔の手を伸ばす

このように主に自民党の政治家らが、選挙や日常の実務をすっかり統一教会に頼りきっているのを、「ズブズブの関係」という。

このことの何が問題か。実態はたしかに、それなりに報道された。けれどもメディアの報道姿勢も、問題の本質の理解も、ピント外れであると思う。

たとえば、公職選挙法の違反があったかどうか。政治資金規正法の違反があったかどうか。

そんなことは関係ない。もちろん、公職選挙法や政治資金規正法は、守らなければならないけれども、この問題のポイントはそこにはない。

ボランティアのなかに統一教会のひとがいたみたいですね。でも信教は自由なので、本人の問題だと思いますよ。——そういう言い逃れが通る話ではない。これは統一教会の、組織的な政治への介入だ。統一教会は、政治家を信徒か理解者かシンパにしたいのだから、必ずその意図を政治家に伝えている。政治家はそれを承知して、協力してもらっている。「たまたまスタッフの誰かが統一教会の信徒だったみたいです」ではないのだ。

＊

統一教会は、カルト宗教である。「反社」である。それが組織を挙げて、政治家に触手を伸ばしている。彼らには彼らの意図があり、それは民主主義とは関係ない。むしろ民主主義にとっての害悪そのものである。そもそも政教分離の原則に反している。そういう危険な、組織的な介入が、現に（何十年も）行なわれている。政権政党である自民党が、この団体の影響下にある。これが問題の本質でなくてなんだろう。

公職選挙法がどうの、政治資金規正法がどうの、はこの際枝葉の問題である。個々人がどういう信仰をもっても、自由であって保護される（それは確かだ）という問題でもない。統一教会というカルト宗教団体が、組織的に政治に介入して、それがうまうまと成功していること。これが、民主主義と政教分離の原則に反する、あってはならない事態であること。この、危険で恐るべき実態を見つめることが、議論の出発点でなければならない。

とにかく自民党は認識が甘い。反省が足りない。

＊

統一教会は、組織的かつ計画的に、チームをつくって、自民党に喰い込んでいる。霊感商法と同じだ。だがその重大性は、ケタ違いだ。霊感商法では、被害者が多額の貯金を巻き上げられるだけ。気の毒ではあるが、ほかの誰かに被害が及ぶわけではない。統一教会が自民党に喰い込む場合は、印鑑や壺を買わせる代わりに、政策を左右しようとする。選択的夫婦別姓に反対するとか、家庭を重視するとか、自分たちの主張を自民党の政策に盛り込もうとする。霊感商法の被害と違って、日本国民すべてに影響する。民主主義の実質が掘り崩されている。

これがどれだけ重大なことか、胸に手をあててじっくり考えてほしい。

統一教会と絶縁できるか

ただの宗教団体（教会）が、ここまで政権政党に影響力を持つ。アメリカでも、西側世界のどんな国でも、考えられないことだ。政教分離の原則もなにも、あったものでない。

自民党が、この事実に目を向けることができないで、統一教会と絶縁できないなら、この政党はもう終わりである。

（政教分離の原則がどういうもので、どこが大事か、『アメリカの教会』にのべておいた。詳しく知りたい場合は、参照いただきたい。）

＊

ではどうやって、絶縁するか。

議員本人がまず明らかにすべきだとか、党が議員にアンケートをとって回答を求めるとか、悠長なことをやっている場合ではない。議員はほっかむりをして、なに喰わぬ顔をするに決まっている。毒にも薬にもならない。

自民党の総裁は、こう行動すべきだ。

（1）自民党は、統一教会と絶縁します。これまでの事実関係を徹底的に調査して、明らかにします。そう、有権者に約束する。
（2）議員に、統一教会との関係について、詳細な報告を求める。もしもあとから新たな事実が判明した場合には、重い処分を受けても異議ありません、とも誓約してもらう。
（3）第三者による党の調査機関を設ける。この機関は、議員に対する捜査権を持ち、議員から事情を聴取し、資料の提出や証言も求める。
（4）調査機関は、調査結果を報告する。総裁は、処分の原案をつくる。
（5）議員は、原案に対して、公聴会の場で異議をのべることができる。
（6）総裁は、議員を離党させる、つぎの選挙で公認しない、そのほかの処分を命ずる。

かつて小泉純一郎は、自民党をぶっ壊すと宣言し、荒療治をした。いま小泉が自民党の総裁なら、きっと統一教会との絶縁を、とことんやり遂げるだろう。その結果、安倍派を中心に、何人もの議員が自民党を抜ける。つぎの選挙で、代わりに統一教会と無関係な新人が当選してくる。自民党が有権者の信頼を取り戻す。政治にとって、悪いことではない。

＊

自民党の統一教会「汚染」を浄化する決め手は、結局のところ、有権者がこの問題を真剣に受け止め、選挙で厳しい審判をくだすことに尽きる。これまでどういうひどいことが起こっていたのか。通り一遍の報道からでも、ほんとうに深刻な危機なのだと受け取れるには、統一教会について、本書が説明するような基本的なことがらをわかっていないといけない。

報道機関はがんばってもらいたい。

統一教会の危機

さて、統一教会が自民党に喰い込んでいるあいだに、統一教会は困ったことになった。メシアの文鮮明が二〇一二年九月に、九二歳で亡くなってしまった。

教団の中心人物である文鮮明が死んでしまうと、統一教会はどうなるか。

＊

権威主義的な集団でも、継承のルールがはっきりしているなら、大きな問題はない。北朝鮮の金王朝は、金日成↓金正日《ジョンイル》↓金正恩《ジョンウン》、と継承された。日本の天皇は、おおむね問題なく継承されてきた。カトリック教会の教皇も、継承のルールがはっきりしている。

ところが統一教会は、終末論にもとづく教団である。しかも、メシアがこの世にあるあいだに、地上の神の王国が実現する、と預言していた。そのメシア（文鮮明）が死亡してしまったのでは、預言が外れたことになるのではないか。

＊

終末論的な教団で、終末が起こらなくても、存続する場合がある。

オウム真理教は、麻原彰晃がまもなく終末が起こると預言し、終末が起こらなかったことがあった。それでも教団は、終末の到来を信じ続け、ついに自分でサリンガスを撒《ま》くことになった。選挙に大勢が立候補したのも、本気で宗教国家の実現を考えていたのである。

アドヴェンティスト（アメリカのプロテスタントの一派）は、一九世紀のなかばに、世界の終わりとイエスの再臨があると信じて、その日を待った。結局、イエスは再臨しなかった。教団を離れた人びともいたが、残りの人びとは教会をつくり直し、いまでもイエスの再臨を待ち望んでいる。

エホバの証人（やはりアメリカのプロテスタント系の新宗教）は、第一次世界大戦が終末の始まりだと考えた。そして、イエスはもう再臨しているのだとする。

シェーカーズ（一九世紀アメリカのカルト教団）は、教祖の女性アンが死亡すると、信徒の人びとは、彼女こそイエスの生まれ変わりだと信じた。この場合、メシアが死亡していても、教団は存続できる。

＊

統一教会の場合、文鮮明はメシアだが、妻の韓鶴子とふたりで組となり、真の父母として教団に君臨していた。文鮮明が死亡しても、まだ韓鶴子がいて、メシアに代わる権威を持っているとも言える。韓鶴子（真の母）が生きているあいだ、教団は首の皮一枚でつながっている。ただ、韓鶴子も永遠に生きるわけではない。遅かれ早かれ、統一教会（現在の名称は、世界平和統一家庭連合）が危機を迎えるのは間違いない。

後継者問題

文鮮明は晩年、統一教会の後継者問題を悩まなければならなくなった。『原理講論』は、メシアが存命のあいだに、地上に神の王国が実現すると預言している。だから、後継者問題なるものが持ち上がること自体が、おかしいと言えばおかしい。

二〇〇三年には、まだあきらめていなかった。二月に「天宙天地真の父母様平和統一祝福家庭王即位式」なるものを行なって、王に就任した。神の王国が実現する準備であろう。同年に「エルサレム宣言」を行なって、キリスト教、ユダヤ教、イスラム教の合同を説いている。

二〇〇八年に、七男の文亨進が、世界平和統一家庭連合の世界会長と韓国会長に就任した。教団は、亨進が教団の後継者だと発表した。

＊

文鮮明が弱るにつれ、韓鶴子はあとのことを考えるようになった。文鮮明と韓鶴子のあいだに意見の喰い違いが目立ち始めた。文鮮明はイライラを募らせ、二〇一二年七月に信徒の前で「母はいない。文総裁の妻の地位もない」と発言したという。そして九月に亡くなった。

文鮮明が亡くなると、韓鶴子は七男の文亨進を、教団の役職から解任し、後継者の地位を奪った。文亨進は統一教会と縁を切り、アメリカで、世界平和統一聖殿（サンクチュアリ教会）を設立した。銃器を重視する、特異な統一教会の分派組織である。

というわけで、統一教会はいま、韓鶴子が「真の母様」としてすべてを仕切っている状態である。でもやがて、彼女の時代は終わる。そのあとどうなるかは、予測がつかない。

統一教会とは何なのか

統一教会は、韓国を中心に、国境をまたがって世界に広がった強固なピラミッド型組織である。準軍事組織と見る向きもある。かつてＫＣＩＡ（韓国の諜報《ちょうほう》機関）とつながりがあった。『原理講論』の説く特有の教義に従っている。宗教部門を中心に、さまざまなビジネスや社会文化活動を展開している。

統一教会の全貌をつかむことは簡単でない。統一教会が引き起こしたさまざまなスキャンダルや事件や裁判は多すぎて、リストにできないほどである。いずれ研究者の誰かが、統一教会の研究書の決定版を著してくれるだろうと期待したい。それには、埋もれているさまざまな資料や証言を集めることが必要であり、韓国語、日本語、英語、…の文献を通読することが必要であり、宗教や社会科学全般についての高い能力が必要である。

*

しかし、そんな研究書の結論を待たなくても、統一教会の正体は明らかだ。

統一教会は、悪質な、反社会的カルト宗教である。野放しにしてはいけない存在だ。

それは、統一教会の「サタン」の概念に現れている。エバがサタンに騙されて罪の血を受け継いだあと、この世界はサタンの支配下にある。悪に満ちている。サタンと悪をまぬがれているのは、真の父母と、ふたりに導かれた統一教会の信徒だけだ。統一教会の活動は正しく、それ以外の一般社会の活動は正しくない。統一教会の集金活動は正しく、その集金のために一般社会の人びとを騙すのは正しい。サタンを騙してメシアの活動に役立てるのは、この世界をよりよくするのだから、よいことだ。——これが、霊感商法やニセ募金のロジックである。統一教会の信徒であることを隠してさまざまな活動を行なうロジックである。サタンとメシアの二元論で、どんな反社会的活動も正当化できてしまう。

統一教会にとっては、日本社会も、自民党も、報道機関も、サタンに支配されている。統一教会は教義が、反社会的カルト。つまり「反社」そのものなのである。

自民党と社会の罪

統一教会が一九五八年に日本に上陸してから、すでに六五年が経っている。

統一教会が反社会的カルトであるのは、その正体からしてしょうがない。咎められるべきなのは、そんな統一教会を前に手をこまねき、被害が起こるままにさせ、自由に活動させていた政府。選挙ボランティアなどをエサに議員に近づいて政界に影響力を行使するのをそのままにさせた自民党。その実態になんとなく気づきながら、徹底的に取材して報道することを怠ったマスメディア。統一教会の正体を知ることに熱心でなかった日本国民、である。

これらが重なって、なんのアクションも取られなかった結果、安倍元首相が銃撃されるという事件が起こった、とも言えるのではないか。

日本の民主主義を立て直す

だが、すでに起こった出来事が誰のせいか、責任者探しをするより大事なことがある。

傷つけられ、歪められた日本の民主主義を、立て直すことだ。

その方針は、政教分離の原則をよく理解し、具体的な法律と制度に落とし込むことである。

これは大事なテーマなので、本書の「結」で、しっかりまとめてのべよう。

＊

「宗教」は、日本では、触れにくいテーマになっている。

学校でも、宗教のことは習わない。

憲法は、信教の自由を保障している。誰がどんな宗教を持っても自由だ、ということだ。一応は。

あなたはどんな宗教を信じていますか、と聞いたり調べたりしてはいけない。

そして、何かの宗教を熱心に信じていることを、人前であまり話さない習慣がある。◯◯教の信者なんだって、と噂されて、不利益になってはいけない。だから、宗教のことを隠す。日本の社会には実は、宗教に対する偏見のようなものがある。

これはたとえば、どこかの教会の信徒であることが当たり前であるアメリカの社会と比べると、対照的である。

日本人は以前は、どこかのお寺の門徒で、うちは△△宗です、と家ごとの宗旨が決まっていた。天台宗、日蓮宗、臨済宗、浄土宗…。宗旨は、葬式のときに出番がある程度で、ふだんは意識することもない。宗旨は、何かを信じる「宗教」とは違う。だから、うちの宗旨は△△です、と言っても、差別や偏見にさらされることはない。

*

明治になりかかるころから戦後まで、日本につぎつぎ現れた新宗教は、宗旨とは違った「宗教らしい宗教」だった。本書でとりあげる生長の家も、統一教会も、そうした宗教である。だから日本では、議論と注目の的になる。

宗教らしい宗教に対して、社会のなかにどういう場所を与えるべきか。日本社会には、このルールがない。だから、政教分離の原則も正しく理解できないのではないか。

では、最後に、政教分離の原則を手がかりに、社会と宗教と政治のあるべき関係を考えてみよう。

結　政教分離と民主主義

日本の民主主義がおかしい。

日本には、カルト宗教がいろいろある。カルトと言うほどではないとしても、問題含みの新宗教もいろいろある。それらのうち、第1部では生長の家と日本会議を、第2部では統一教会を、みた。それぞれが政権与党の自民党に喰い込み、国民の目の届かないところで政治に影響力を与えている。こういう状態を放置してよいのだろうか。

しかしこれは、日本の民主主義の病理の、ほんの一角にすぎない。

時代は進み、やがて日本会議も、統一教会も、政治の表舞台から消えて行くだろう。そういうこともありましたね。でもそれで、日本の民主主義に取りついている病巣が、取り除かれるわけではない。またかたちを変えて似たような、いや、もっと困った病状が表れてくるだろう。

そこで、視野をもっと広げなければならない。そもそもなぜ、宗教団体が、政治に影響力を持ってしまうのだろうか。政治と宗教の関係を整理して、政治の正常なはたらきを取り戻すにはどうしたらよいのか。

それにはまず、政治の本質、宗教の本質をそれぞれ確認しておく必要がある。

政治の本質

政治の本質は、あちこちでのべてきた。その定義を繰り返しておこう。

政治とは、ある範囲の人びとを拘束することがらを決めること、である。

この定義（もっとも広義の定義）によれば、政治はいたるところにある。家族のなかにも、村落にも、都市や国家や、国際社会にも。なぜなら、政治とは、人びとみなに関わることがらを「決める」こと、であるから。

＊

こうした政治は、社会の起源とともに古い。

近代社会は、政治を、議会政治として生み出した。そしてそれを、民主主義で運営する。

民主主義は、つぎのようなやり方だ。

• 国民が一人ひとり、選挙権を持ち、選挙で議会に代表（議員）を送る。
• 議会は、議論と投票にもとづき、予算を決め、法律を決める（立法）。
• 政府は、予算と法律にもとづいて、行政を行なう。政府の長は、議会の投票か、国民の投票で選ばれる。

• 政治活動を行なう任意団体として、政党が結成される。政党は、政策を発表し、選挙に候補者を立て、政策を実現するために議会でまとまって活動する。

国民が、選挙に参加し投票する権利を、選挙権とか参政権とかいう。選挙で表明される国民の意思が、政治権力の源泉である。これが、政治的な自由である。

*

民主主義は、詳しく見ていくと、さまざまな原則を前提に成り立っている。その重要な原則の一つが、政教分離である。

宗教の本質

つぎに、宗教の本質とは何か。

宗教は、この世界についてのまとまった考え方（世界観）、である。

宗教は、日常の経験のなかでは明らかにならないことがらを含む。ちょうど、数の世界が、ゼロによって、マイナスの数によって、複素数によって、完全になるように、日常の経験を超えたことがらをつけ加えることで、この世界のあり方が完全な姿を現す。宗教によって、人びとは完全な意味と価値を手に入れ、人生を生きることができる。

人びとは、同じ日常、同じ現実を生きているとしても、そこで可能な宗教は、いく通りもある。ある宗教を生きるひとは、ほかの人びとからは、信仰を持っていると見える。人びとは、宗教と宗教をめぐって、争う可能性がある。

＊

近代社会では、信仰は、本人の選択の問題である。どんな宗教を選び、どんな信仰を持とうと、本人の自由である。それを憲法が保障している。誰も、どんな個人も団体も、とりわけ政府が、この自由を侵してはならない。

個人は弱い。過去をふり返ると、信仰を理由に、人びとが虐げられ犠牲になってきた歴史がある。宗教の自由は、個人の尊厳の基礎である。

宗教の自由とは

宗教の自由は、どうすれば守れるのか。

自分の信仰や宗教について、のべることを強制されない。履歴書に宗教を記載させたり、信じる宗教について質問したりしてはいけない。それは良心の自由として、保護される。

＊

宗教はこのように個人の問題だが、同時に、集団の出来事でもある。同じ宗教を信じる人びとが、集まって信仰を深め、一緒に祈り、儀式を行なう。集団としての活動がなければ、宗教は宗教でない。よって、宗教の自由は、宗教団体を結成し、信徒を集め、公然と礼拝を行ない、宗教のメッセージを伝える自由でもある。宗教の自由は、宗教活動の自由と一体のものである。

カルト宗教も自由なのか

カルト宗教にも、宗教の自由があるのだろうか。

本書は、序の「カルト原論」で、カルト宗教とはどんなものか定義した。カルト宗教は、反社会的な活動を繰り広げる点に特徴がある。

統一教会は、カルト宗教である。では、人びとが統一教会の信仰を持つのは、自由なのか。統一教会が宗教団体として活動することは、自由なのか。

カルト宗教とそうでない宗教の境目は、実はあいまいだ。そして、カルト宗教がふつうの宗教になったり、ふつうの宗教がカルト宗教に変化したりすることもある。そこで、政府（統治権力）が、ある宗教をカルト宗教と決めつけることには、慎重でなければならない。

日本の法律は、宗教法人に解散命令を出すことができる。もしも信徒の人びとが信仰を固く守っていれば、看板をかけかえるだけである。解散の効果は、教団財産を使用できなくなるといった、経済的側面に限られるだろう。カルト教団の対策を講じるのに、解散は、必要でも十分でもないと思う。

＊

人びとが、カルト教団の信仰を持つ自由は、十分に尊重されなければならない。それも宗教だから。統一教会の場合も。

問題は、教団の信仰や教義や世界観そのものではなく、その教団が、違法な活動を行なっているかどうか。信徒に違法な活動を行なわせているかどうか。その点に絞られる。

霊感商法などで、顧客を言いくるめて壺や印鑑を買わせているのであれば、商取引を無効にするなどの消費者保護の措置。巨額の集金をしているのであれば、会計検査や課税措置（アメリカでは、文鮮明が脱税で、実刑判決を受けた）。海外送金をしているのであれば、外為法違反。監禁や暴力などの刑法違反があれば、捜査のうえ処罰の対象になる。このように、世俗の法令に違反している部分を取締まる。

カルト教団は、法令や社会規範を無視して組織的に行動する。公安警察が教団ごとに担当を決め、つねに監視して、社会を守るのが正しい。

いっぽう、カルト教団が社会常識に反しているとしても、たとえば、成人の信徒が職場や学校を辞めたり、家族と連絡を断って合宿生活をしたり、合同結婚式を挙げたりするとしても、それは本人の信教の自由の範囲である。マスメディアが報道するのはよいとして、政府が問題にすべきことがらではない。

宗教団体パワーの秘密

さて日本では、（カルト教団であってもそうでなくても）宗教団体が政治的パワーを持つ、という現象がある。これは、どういうことなのか。

それは、選挙のときに、まとまった票が見込めるからである。宗教団体票である。

すると、政党は、選挙を有利に運ぼうと、宗教団体と良好な関係を築こうとする。宗教団体は、票と引き換えに、政治的な要求を政党に持ちかけることができる。これが、宗教団体の政治的パワーの源泉である。

宗教団体が、集票マシンになる。――これは、日本では当たり前だと受け取られ、あまり不思議に思われない傾向がある。けれども、国際的にみると、とってもとっても、特殊な現象である。西欧社会、たとえばアメリカでは、こんなことは考えられない。「特殊な現象」を通り越して、スキャンダルと言ってもいいほどである。

どうしてこういうことになるのか。それは、人びとの投票行動の違いによる。

＊

政教分離とは何か

政教分離が初めてはっきり憲法の条文に書かれたのは、アメリカ合衆国憲法である。憲法の修正第一条にはこうある。《Congress shall make no law respecting an establishment of religion, or prohibiting the free exercise thereof … 連邦議会は、公定の宗教を設けたり、宗教の自由な実践を禁止したりする法律を定めてはならない》。日本語では「国教」と訳すことが多いが、それだと意味がよくわからない。公定教会（established church）を設けてはいけない、ということを言っている。

公定教会とは、税金を投入して、ある特定の教会を財政支援すること。当時、アメリカにはそういうシステムをとっている自治体や州がかなりあった。この憲法は、連邦政府（合衆国）はそういう公定教会は設けてはいけないことにします、と宣言している。

要するに、政教分離とは、政府が教会に税金を投入しないこと、が主眼である。政府は、どの教会とも等距離を保ち、公平にふるまわなければならない。

＊

政教分離は、イングランド国教会のやり方の裏返し、と考えるとわかりやすい。

イングランドはその昔、ヘンリー八世が、カトリック教会と絶縁して、自分をトップとするイングランド国教会を立ち上げた。イングランドでは、国教会だけが唯一の合法的な教会で、それ以外の教会は存在してはいけない。国教会は、国が税金で運営する。政府職員は、国教会の信徒でなければならない。カトリックやユダヤ教徒や…は、イングランドの政府職員になれないということだ。

アメリカ大陸の大西洋岸には、イングランドの植民地があちこちに開かれた。本国は、イングランド国教会を植民地に持ち込もうとしたが、評判が悪かった。植民地は自治権を持っていて、信仰の自由を求めて本国を逃れてきた移民も多く、国教会の押しつけに反対だった。国教会の代わりに、会衆派の教会を公定教会にする町（タウン）もあった。そうすると、クエーカーやバプティストは圧迫されて苦労する。そんな経験も踏まえて、アメリカ合衆国の連邦政府に関しては、公定教会を決めないことにした。人びとの信仰の自由を守るためである。

教会と投票行動

どんな教会がどれぐらいあるかは、植民地ごとに違った。教会と政治の関係も、州ごとに違った。初期のプリマス植民地のように、教会の信徒であることが選挙権である場合もあった。そのうち、選挙権は納税額で（つまり、教会と無関係に）与えられるようになり、やがて全員に与えられた。

選挙と投票は、プロテスタント教会の習慣だ。とくに会衆派は、それぞれの教会が独立しているので、教会が何でも決めてしまう。信徒総会を開いて、議論し、投票する。こういう伝統が、アメリカの民主主義の土台となった。

教会のなかの選挙では、どの教会に所属しているかは、投票に影響しない。みな同じ教会の信徒だからだ。州や連邦の選挙では、どの教会に所属しているかは、投票に影響しない。もしも教会ごとにまとまって投票すると、大きな教会の意見を、小さな教会に押しつけることになる。こんなことはあってはならない、がアメリカの考え方である。どこの教会に属していようと、それと無関係に、どの政策がいいか、どの候補者がいいかだけを考えて、投票する。これが、アメリカの民主主義のイロハのイである。

＊

教会では、政治の話はしないのか。たとえば、戦争に反対だとか。奴隷制に反対だとか。アメリカの教会は、生き方の全体を考えるので、現実の社会問題や政治のことも議論する。信仰の立場から、戦争は支持できません。奴隷制は支持できません。しかし、教会の外でまとまって政治運動したりしない。それは、個々人の問題だからだ。政治的主張のあるひとは、教会とは別に、政治運動の団体をつくる。

クエーカーは、非暴力主義で、戦争に反対だ。でも、それは一人ひとりの問題で、徴兵に応じず、逮捕されて収監される。徴兵拒否の権利が認められている場合は、命じられて病院や福祉施設で働く。メソディストは奴隷制に反対だった。いくつかの教会は、奴隷制をめぐって、北部と南部で分裂したりした。いまなら、ユニタリアンやエピスコパルは、ＬＧＢＴＱを支持する立場をはっきり掲げている。でも、教会がまとまってこの政党、この候補に投票しましょう、という話にはならない。教会にそんなことを指示する権利がない。あとは個人が、しっかり考えてね、である。

＊

結論として、投票は個々人が良心に従って行なうもので、どの教会に所属しているかで、まとまって投票するようなことは、あってはならない。

この政党に、この候補者に投票しましょう、と教会で訴えてはいけない。教会の現職の牧師や、教会の有力者が、政治家に立候補してはいけない。教会が、政党をつくってはいけない。教会が、特定の政党を支持してもいけない。――政教分離の原則にもとづく、民主主義の基本ルールである。

日本人の投票行動

さて、以上を参考に、日本の民主主義に目を向けてみる。

まず私の経験を紹介しよう。勤務先の国立大学で、新しい研究科ができた。研究科というのは、学部のようなもので、大学院の組織で、教授会がある。研究科には四つ専攻があった。専攻は、学科のようなもので、一五人ほどの教員の集まりである。来月の教授会で、初代の研究科長を選挙で選ぶという。

新しい組織なので、前例も何もない。誰が研究科長にふさわしいか。そんなことをのんびり考えていると、情報が流れてきた。A専攻とB専攻で話がまとまり、A専攻のA教授を研究科長に推すらしい。二つの専攻を合わせると過半数で、結果は決まりである。私のいたD専攻は人数が少なく、手も足も出ない。隣のC専攻は、流れに乗って、A教授に投票するという。D専攻は相談して、意地を見せようと、D専攻のD教授にまとまって投票することになった。

教授会では予想どおり、A教授が圧倒的な票を集めて当選した。D教授の票は、D専攻の人数とぴったり同じだ。D専攻は、反主流派になってしまった。

そのうち、こんな話が流れてきた。研究科長のポストは、順送りにする。A専攻→B専攻→C専攻→D専攻→A専攻→…の順である。教授会で決まったことではない。ボス教授らの申し合わせだ。実際そのあと、研究科長のポストは、その順番でたらい回しになった。誰が研究科長の候補になるかは、その専攻が決めるから、よその専攻は口を挟めない。選挙はかたちだけで、有力教授数人が相談して、研究科長を決めている、ということだ。

ちなみにこの研究科は、改組で消滅してしまって、今はもう存在しない。

＊

自民党の総裁（首相）の選び方も、これと似ていないだろうか。

自民党の派閥は、大学の専攻と違って、どの議員がどの派閥か所属が最初からはっきり決まっていないから、引っこ抜きや造反がある。複雑である。派閥のたらい回しもやりにくい。でも、派閥のボス議員が流れを仕切っているところは同じだ。

研究科長選挙の投票も、自民党総裁選の投票も、票数が読める。誰が誰に投票したかわかってしまうということだ。すると、自分の所属するグループに忠実なところを示すため、グループの推す候補に投票しないわけにはいかない。日本の選挙の、よくある投票行動のパターンがこれである。

みなと同じ投票をする

日本では昔、近所のひとはみな顔見知りだった。助け合わないと生きていけなかった。町長選挙や県議会議員の選挙があると、地域代表の誰かが立候補した。みんなその候補を応援した。すると、こんな感じの選挙になる。

- 投票率がとても高い。八〇パーセント、九〇パーセントが当たり前である。
- ある集落の票は、まとまってある候補に投じられる。
- 票が読めるので、選挙の結果が予測できる。

これは、選挙だろうか。選挙という名前の儀式ではないだろうか。

なぜなら、民主主義の原則が働かないからだ。

- 誰に投票するかは、個々人が決めるのではない。どの集団に所属するかで決まる。
- 投票は、候補者の選択ではなく、所属する集団に対する忠誠心の表明になる。

なぜそういう投票行動をとるか。それは、安全のためである。自分だけがみなと違った行動をとることは、リスクが高い。自分を守るため、みなと同じ行動をとる。それが、地域社会で生きていくための知恵だった。

組織票と圧力団体

さて、近代化が進む。人びとは都市に移動し、工場やオフィスで働くようになる。農村の共同体を離れてバラバラになる。そして、都市で新しい集団や組織に所属するようになる。

まず、職場。大企業や中小企業。労働組合。などなど。

同業組合のたぐい。商工会議所。商店街。農協。医師会。郵便局長会。などなど。学校。同窓会。PTA。町内会。生活共同組合。市民団体。NGO。などなど。そして、宗教団体。寺社。教会。創価学会。立正佼成会《りっしょうこうせいかい》。などなど。

誰もが、これらのいくつもに、またがって所属している。

これらのあるものは、とても大事である。またあるものは、まあどうでもよい。どうでもよい所属集団は、そのひとに対する影響が少ない。

＊

政治に対して、影響力のある集団はどんな集団か。

業界団体は、しばしば圧力団体になって、政治に大きな影響力を与える。生活がかかっているのだから、これは理解できる。

政治は、人びとの利害を調整することである。そこで、いろいろな団体が自分の利害を主張するのは、政治にとってなくてはならない第一歩である。利害で結びついた団体が、政治に口を出すのは、だから正常なことである。利害が衝突すれば、どうやって妥協点を見つけられるか考える。これが政治のなかみだと言ってもいいくらいだ。

そうすると、同窓会みたいなものは、あまり政治の場面で大きな顔をしてもらっては困るということもわかる。なぜなら、政治で解決することが必要な利害をもっていない、ただの人脈だからだ。

結論として、どんな利害団体も、政治に対して発言してかまわない。それは正常だ。

＊

問題は、宗教団体だ。宗教団体は、政治に対して発言してもよいのだろうか。政党をつくって活動してもよいのだろうか。これを考えたい。

宗教教団の出番

まず、日本の選挙がどうなっているか、確認してみよう。

選挙には、選挙区というものがある。衆議院は、地元の比較的狭い範囲が選挙区である。地元の団体（商工団体とか、企業とか、農協とか…）は、投票に影響する。いっぽう、全国に薄く広く散らばる宗教団体は、選挙区のなかの人数が少なすぎて、あまり票数に現れない。

いっぽう、参議院にはかつて全国区というものがあった。日本全国が一選挙区で、全国的に知名度のある候補者が有利である。全国区は、全国組織を持つ業界団体の利益代表の、指定席のようになっていた。

全国区の候補のなかには、宗教教団の推薦を受け、その組織票で当選するケースもあった。生長の家も、特定の候補を支持して、集票活動を行なった。統一教会も、特定の候補を支持して、集票活動を行なった。

多くの宗教教団は、衆議院の選挙区では、出番が少なかった。一つひとつの団体の、地元での票数が少なすぎた。日本会議は、いくつもの宗教教団を束ねているので、衆議院の選挙区でもそこそこの票数がまとまる。日本会議の政治力の源泉である。

宗教教団の投票行動

このように、宗教教団は、ほかの業界団体や圧力団体と同じように、集票マシンとして機能する。宗教教団は、本来、利害をもっていない。宗教教団がどのように、集票マシンとなるのだろうか。そのメカニズムは、つぎのようだ。

- 宗教教団が、上意下達で、権威主義的につくられている。
- 宗教教団が、特定の候補者を支援すると決定し、信徒に投票するよう指示する。
- 信徒は、指示どおりに投票することで、宗教教団に対する忠誠を表現し、満足する。

・信徒の投票は、宗教教団の世界観の実現のための、意味あるワンステップである。

このように、宗教教団も満足し、信徒も満足する。投票を依頼した候補者も満足する。宗教教団はこうやって、政治的パワーを手に入れる。

＊

けれども、こうした投票行動は、民主主義の原則に合致しているだろうか。

ある教団に属しているから、言われたとおりに、ある候補に投票する。これではまるで機械のようで、誰に投票するかの判断を、教団に預けてしまっている。自分で投票の判断をしていない。候補者の資質や政策のよしあしは、まったく視野に入っていない。教団のリーダーは、ひとりで何万票、何十万票もの投票権を持っているのと同じである。

こんなやり方は、正しくない。宗教教団が、信徒に投票の指示をしてはいけない。それは、民主主義を破壊する行為である。

＊

反論があるかもしれない。いや、信徒の人びとは、教団の判断を信頼して、自分の判断を預けているのですよ。宗教教団とは、信仰で結ばれているし、世界観も合致している。その教団が、この候補者が望ましいと判断した。信仰と信頼によって教団とつながれている信徒が、自分から主体的に、投票の判断を教団に仰いでいる。信徒は、自分の信仰と教団への信頼には責任を持っているのです。決して、機械的に投票しているわけではない。そうした信徒の一人ひとりの熟慮に満ちた判断が集まっている。そうした教団の投票行動を、傍《はた》からとやかく批判することはできないと思いますけどね。

なるほど。

でも言おう。このタイプの投票行動はやはり、政教分離の原則に反する。その理由を詳しく考えてみよう。

なぜ教会は、政治に関わらないのか

アメリカで政教分離の原則が定められた理由。アメリカはプロテスタントの国で、プロテスタントの教会がいくつもあった。意見が違い、仲が悪い。対立している。それぞれの教会が教会としてまとまって、別々の政策、別々の候補者を支持すると、アメリカという国そのものが分裂するおそれがあった。宗教戦争になりかねない。だからそれは、やめましょう。政教分離のルールには、こうした背景がある。

その考え方をもう一歩、踏み込んで説明してみよう。

＊

プロテスタントは、聖書にもとづき、イエス・キリストを信じる。人間一人ひとりが神（イエス・キリスト）の前に立ち、神（イエス・キリスト）に従う。ほかの人間には従わない。人間の集まりであるどんな組織にも、たとえばカトリック教会にも、従わない。人間が人間を支配し、統治するのは本来、正しくない。人間は罪深く、不完全である。やがてイエス・キリストが再臨するのを待ち望み、イエス・キリストの統治（神の王国）のもとで生きる日を待ち望む。

イエス・キリストが人間を統治するのが正しい。ならば、人間が人間を統治するのは正しくない。

だが、イエス・キリストが再臨するその日まで、地上には人間しかいない。それまでの期間を、どのように過ごすのが正しいのだろうか。

＊

プロテスタントは、このように考える。人間が人間を統治することは、条件つきでなら、正しい。どういう条件か。それは、神が、その人間に従えと命じた場合である。

王が人間を統治する。王国である。王国は世界のあちこちにある。神は王に、人びとを統治するように命じた。それならば、王国は正しい。王権神授説である。

憲法のもと、人間が人間を統治する。共和国である。アメリカ合衆国は共和国である。神は人びとに、契約（憲法）を結んで共和国をつくるように命じた。契約には、神が人間に与えた権利（人権）を守って統治を行なうように、と書いてある。この契約に従って統治を行なうことは、神の意思に適《かな》っている。契約（憲法）に従うという条件のもと、人間が人間を統治することは正しい。

憲法のもとにある共和国に、王はいない。だが、統治者はいる。王は世襲だった。この統治者は、代わりに、選挙で選ばれる。選挙は、憲法にのっとって、一人ひとりが自分の判断で、神の意思に適うように票を投じなければならない。投票は、神の付託に応える神聖な義務である。人間は誰でも間違っている。間違っていながらも、神の意思に従おうとする。自分の判断を、神でなく、ほかの誰かに預けることは間違っており、許されない。

それであれば、ある教会がまとまって、特定の候補者に投票するよう指示したり、特定の政党を支持するよう信徒にうながしたりすることはありえない。なぜなら、教会のなかには人間しかみつからない。教会がまとまるとは、人間が人間に従うことを意味するから。人間が人間に従うとは、人間が神に従わないことを意味するから、である。

ゆえに、教会がまとまって、ある候補を支持することはできない。教会がまとまって、ある政党やある政策を支持することはできない。教会は、政治的に中立の立場を保ち、選挙によってよりよい選択がなされるように祈る。教会は、信徒の投票に関わらない。選挙と投票は、神の領域なのである。

以上が、政教分離の肝腎かなめのポイントだと言ってよい。

リベラル派と福音派

アメリカのプロテスタント教会は最近、リベラル派と福音派に分裂している。福音派は、トランプ大統領を支持するなど、政治的な立場をとっているのではないか。こういう疑問があるかもしれないので、この点も説明しておこう。

まず、リベラル派のキリスト教。リベラル派という教会があるわけではない。過去数世紀の科学の発達につれて、人びとのあいだに科学に対する信頼が芽生えた。科学は人間の理性に導かれる。理性は神が人間に与えた最善のギフトである。科学は、神の創造の秘密を明らかにする。科学を身につけた人間は、社会を改善し、社会を少しずつ神の理想に近づける。教育を普及し、産業を発達させ、民主主義を育て、医療と社会保障を充実させる。こうして人間の努力によって社会の改善が進めば、イエス・キリストの再臨と神の王国にふさわしい状態が実現する。人間の努力と向上を信じる楽観主義が、リベラル派キリスト教の特徴だ。

これに対して、福音派のキリスト教。福音派という教会があるわけではない。プロテスタントのうち、科学よりも聖書に信頼を置く人びとの総称だ。アメリカの世俗化が進み、資本主義や科学技術が大きな顔をするようになると、その反動で、福音派の主張も有力になってきた。彼らは言う。人間は罪ぶかく、神に救われるしかない。人間は善をなすことができず、社会は進歩しない。科学技術の進歩や福祉で、社会を向上させようと考えるのは、神を信じない傲慢である。政府は人間の集まりにすぎない。政府が税を集めて福祉を行なおうと考えるのは間違いである。投票する際は、神を信じる候補者に投票すべきである。

大統領候補だったトランプは、どこかいかがわしくも人間味があり、その昔の巡回説教師のにおいがした。高学歴のエリートや科学技術や既成体制（ディープ・ステート）を攻撃し、人びとの心情に訴えた。福音派の人びとは誰に言われたわけでなく、自分からトランプを支持した。

＊

トランプ候補のキャンペーン集会で、福音派とみなされる指導的な牧師が、演説会の壇上にあがって、トランプの支持を訴えるケースがあった。こうなると、ルール違反である。トランプ陣営は、何でもありで、困ったものだ。

投票の独立

人間が一人ひとり、独立に、自分の判断で投票することは、民主主義の最初の一歩である。これが成立しないと、民主主義の前提が壊れてしまう。

投票の独立は、有権者一人ひとりの良心の問題。神に対する責任である。

この民主主義の原則は、キリスト教に限った話だろうか。

わかりやすくするため、キリスト教（プロテスタント）の用語で、人間が人間を統治するシステム（民主主義）の正当化のロジックを説明した。けれどもこのロジックは、人間一人ひとりの独立と尊厳を尊重する考えの持ち主なら、すべての人びとにあてはまる。この原則は、民主主義に共感し、不合理な人間の支配や専制に反対するすべての人びとを導く、希望の原理なのである。

＊

日本の選挙での投票は、しばしば、めいめいが所属する集団に対する忠誠の表明である、とのべた。その結果、集団に属する人びとはまとまって、同じ候補に投票することになる。選挙では、組織票がものを言う。

こういう選挙では、候補者の言論は低調だ。政策論争もおざなりだ。有権者が言論によって誰に投票するか、決めるわけではないからだ。政治は死んでいる。

日本の有権者が、選挙での投票行動を根本的に変化させること。民主主義を再生するには、これしかない。

権威主義の宗教票

現状をもう一度、確認しておこう。

宗教教団の信徒の人びとが、そろって同じ候補に投票する。宗教教団の組織票である。

これはどういう現象だろうか。

教団のどこかで誰かが、この候補に投票しなさい、この政策を支持しなさい、と決める。それが信徒に伝えられる。すると人びとは、その候補に投票する。上意下達のピラミッド型の意思決定だ。権威主義的なやり方だと言ってもよい。

かつての生長の家がそうだった。生長の家の政治部門があって活発に活動していた。この候補を支援すると決めると、信徒はみなその候補に投票した。統一教会もそうだった。選挙区ごとに、この候補に投票すると決めると、信徒はみなその候補に投票した。象徴的に言うなら、誰もが谷口雅春の言うとおり、文鮮明の言うとおりである。

誰かが決めると、みながその候補に投票する。権威主義的な投票行動である。

*

権威主義的とはどういう意味か。民主主義的でない、という意味である。

民主主義は、人びとの意見がバラバラで多様であることを前提する。多様であることに価値がある。そこから合意（コンセンサス）をつくり出すために、言論を戦わせる。そういうプロセスのなかで、人びとは異なる意見を学び、世界についてより深く理解する。民主主義のよいところである。

その民主主義をやろうとしている選挙で、権威主義的な宗教教団の組織票が混じっている。それによって当選が左右される。選挙の性質が変わってしまう。民主主義が台無しになる。由々しきことである。

組織票のいろいろ

こんな反論があるかもしれない。――そうは言っても、民主主義の選挙には、さまざまな利害団体や圧力団体がある。組織票はつきものです。組織票だからという理由で、宗教教団の組織票だけを目の敵にするのは正しいのでしょうか。

だがそれでも、宗教教団の組織票こそ、とくに民主主義にとって有害だと言わなければならない。その理由を説明する。

＊

社会の利害を反映するタイプの団体の組織票は、害悪が少ない。それは、あるべき票だからだ。

たとえば、労働組合の票。職場で働く労働者が、労働組合を組織する。労働者は個々人としては立場が弱い。団結して、自分たちの利害を主張するためだ。黙っていても労働者は、自分の利害にもとづいて投票するだろう。労働組合がそれを組織するとしても、それはもともとの投票を交通整理しただけだ。労働組合がなかったとしても、人びとはだいたい同じような投票をしただろう。

たとえば、業界団体の票。ある業界で働く人びとは、特定の利害関心を持っている。その利害を組織するため、団体をつくる。これも、もともとの投票を交通整理しただけだ。業界団体がなかったとしても、人びとはだいたい同じような投票をしただろう。

たとえば、農協の票。何十年も前、農協は全国に動員をかけ、生産者米価を高くするよう、大会を開いて圧力をかけた。生産者米価は、都市部から農村への所得移転の一環である。農民はもともと、共通の利害関心を持っている。農協がなかったとしても、人びとはだいたい同じような投票をしただろう。

結論として。利害にもとづく業界団体そのほかは、組織票を擁しているように見える。けれどもそれは、基本的に、社会が不可避に生み出す人びとの利害関心の構造を反映している。そうした業界団体がまとまるからと言って、選挙のありさまが歪むわけではない。

政党とは

業界団体と異なる重要な組織に、政党がある。

政党は、議会に代表を送って自分たちの政策を実現しようとする、任意団体である。

政党の特徴を挙げると、つぎのようである。

- 政党は、業界団体と違って、自分の業界をもたない。自分自身の利害がない。
- 政党は、人びとのさまざまな利害を踏まえ、それらを調整し、どのような優先順位で政策を実行するかの政策パッケージを提案する。
- 政党は、執行部のもと、各地に支部のネットワークを形成する。
- 政党は、選挙区に公認候補を立て、大勢を当選させ政権獲得をめざす。

政党は、国会議員、地方議員、およびその候補者、支援者の集まりだ。

政党は、公的な機関でなく、任意団体である。任意に結成でき、任意に解散できる。複数の政党から複数の候補者が立候補して、政見を訴え、得票を争う。政党は、議会で多数派を形成するためにある。多くの職業的政治家と専従職員を抱えているのがふつうだ。

政党は存在してよい。いや、合理的な政策形成のために、政党は存在しなくてはならない。政党の内部での討論によって、政策の優先順位が決まり、政策の整合性がはかられる。たとえば、支出額に見合った財源の手当て。政党間の協議によっても、政策は調整される。

政党は、さまざまな階層や集団の利害を整合させ、実行可能で総合的な政策プランをまとめる役目がある。それを、反対党の政策プランと競わせ、有権者に選択肢を提供する。

*

総合的な政策プランでなく、たった一つの政策だけを掲げる政党が、ときどきある。たとえば、環境保護だけを訴える政党など。このような政党を、単一政策政党（シングル・イシュー・パーティ）という。こうした人びとは、政党ではなく、圧力団体として行動するならば明確である。政党として議席をもってしまうと、むしろ政治の混乱の種になる。

＊

選挙のたび、政党は投票を依頼する。政党は、投票の受け皿だ。いわゆる集票組織は、有権者の票を取りまとめて、特定の候補に誘導する。集票組織それ自身は、政党ではないから、議会に代表を送らない。政党は、有権者の付託を受けて、議会に代表を送る。その役割が、異なっている。だから、変な集票組織がまぎれ込んでいないか、いつもチェックが必要だ。

政党の民主主義

政党の組織原理には、いくつかのタイプがある。

有権者にわかりやすいのは、民主主義的な組織原理を持つ政党だ。西側諸国の政党は、この点で進んでいる。政策の形成過程や、候補者を決める予備選や、資金の流れがガラス張りで、一般の人びとがモニターし、参加できる。党の役職も、公開の選挙で公正に選出する。

これと反対なのが、権威主義的な組織原理を持つ政党だ。たとえば、日本共産党。共産党は民主集中制を掲げてきた。民主（自由な議論）と集中（上意下達）を組み合わせたものだが、民主はつけたりで、集中が基本である。さもなければ、革命ができない。日本共産党は半世紀以上前に革命を掲げるのをやめ、議会主義政党に衣替えした。でも、民主集中制の組織原則はそのままである。党内の選挙などの手続きがあるが、かたちばかりなところは、中国共産党と似ている。

自民党は、このどちらにも入らない、独特な組織原理を持っている。形式から言えば、総裁選をはじめ、さまざまな規則が整っている。地方組織もある。けれども実際の権力は、非公式な議員の集団である派閥が握っており、派閥のボスの談合で、総裁以下、さまざまな役職が割り振られる。党の公認も有権者の目の届かないところで決められる。権威主義的ではないが、民主主義的でもない。野党は、これに代わる組織原理を対置すべきなのだが、とてもそこまでの力量はない。

＊

日本共産党が、権威主義的な組織なのは残念であるが、はじめから政党として組織されているので、自立しており、党外から左右されることがない。それに、政権と関係ない野党にずっと甘んじているので、日本の政治そのものに与える実害は少ない。

それにひきかえ、公明党は、自民党と連立与党を組んでいるので、日本の政治に与える影響が大きい。そこで、公明党と創価学会について、以下、考えてみよう。

創価学会とは何か

創価学会は、日蓮正宗の在家信徒団体である。

日蓮正宗は、日蓮宗から分かれた宗派。日蓮宗が、日蓮を開祖(法華経の修行僧)とするのに対し、日蓮正宗は、日蓮を本仏(ブッダ)と考える。日蓮がブッダなのだから、日蓮の残した文章(御書)は、経典と同様の正典としての位置を占める。法華経と御書とをどう読み解くかが、日蓮正宗の教学の中心となる。

創価学会はもともと、創価教育学会といい、教育者の立場から日蓮正宗を学ぶ集団だった。それが創価学会と名を変え、日蓮正宗の在家信徒団体の一つとして、戦後とくに都市部で、急拡大を遂げた。それを率いたのが、第三代会長の池田大作である。

*

創価学会は、どういう宗教か。

日蓮正宗は、根本経典である法華経に、仏教の精髄が尽くされているとする。法華経によれば、娑婆《しゃば》世界を生きる人びとは、成仏を約束され永遠の菩薩《ぼさつぎょう》行に励む修行者である。菩薩は、在家信徒のこと。世俗の職業に従事しながら、学会の教えに従って勤行に励み、常不軽《じょうふきょう》菩薩をロールモデルに、すべての衆生が必ず成仏するという確信とともに生きる。ならば娑婆世界はそのまま、仏法が実現する場所となる（法華経の詳しい内容は、橋爪大三郎・植木雅俊『ほんとうの法華経』を参照してほしい）。

終末論をとらないので、統一教会よりも生長の家の考え方に似ている。この現世で努力することが大切と考える点で、統一教会とも生長の家とも似ている。神仏習合を排して原理主義的である点で、統一教会とも生長の家とも似ていない。

創価学会と公明党

創価学会は、会員数の拡大を背景に、政界にも進出した。文化部が政治部門を担当し、一九五五年の統一地方選挙で五三議席、五六年の参院選で三議席、五九年の参院選で六議席を得るなどした。

創価学会の政界進出は初めのうち、おっかなびっくりだった。一九六一年に公明政治連盟を結成。宗教団体が政党を結成するのは、政教分離に反するのではないかと、批判があった。六二年の参院選で九名が当選した。良識の府、参議院だからいいのです、みたいな言い訳をしていた。戦後しばらくの参議院は、戦前の貴族院の流れを汲んで、緑風会のような無所属議員も多く、衆議院と違う雰囲気があった。だが選挙のたびに政党化が進み、衆議院のコピーと言われるようになっていく。

一九六四年に公明政治連盟は、公明党と改称。一九六七年の衆院選で二五議席、六九年の衆院選では四七議席を獲得した。れっきとした国政政党だ。

六九年の「言論出版妨害事件」で、創価学会・公明党に対する批判が強まった。七〇年に池田会長は、学会と党の役職の兼務をなくす、国立戒壇の教義を取り下げる、などと改革を約束して謝罪した。

その後、紆余曲折を経て、公明党と自民党の連立政権が成立したのは、二〇〇三年のこと。衆議院で過半数ぎりぎりの自民党は、公明党の協力で、ようやく安定多数を保つという構図が続いている。

政教分離なのか

宗教団体が単独で、政党をもつのは、世界でも稀《まれ》である。公明党が結成された最初から、政教分離の原則に反する、という批判が続いてきた。

創価学会・公明党は、政教分離の原則に従ってちゃんとやっています、としている。その言い分は、だいたいつぎのようだ。

（1）創価学会の信徒は、信教の自由にもとづいて信仰を持ち、また参政権がある。
（2）公明党は、創価学会の理念にもとづいて結成された政党である。
（3）公明党は、創価学会と別の団体である。創価学会は選挙で、支援するだけ。
（4）創価学会の信徒は、自発的に支援をしており、政治参加は有権者の自由である。

創価学会が政治活動をしているわけではない、創価学会の信徒が選挙を支援するのは、信徒の政治参加の権利で勝手でしょ、である。

（1）～（4）はもっともな主張である。そうだとしても、これで、政教分離の原則が守られていることにはならないと思う。

＊

アメリカの教会なら、選挙のときにどう言うか。たとえば、こんなふうに祈る。

「どうか人びとが、めいめい真剣に政治のことを考え、最善の投票ができますように」

「神さま、あなたがこの選挙を祝福し、この国の正しい指導者が選ばれますように」

どの候補がよいとか悪いとか、どの党がよいとか悪いとか、具体的なことは言わない。それは信徒がめいめい、神に祈って相談しながら決めるべきことで、教会は口をさし挟まない。これが、政教分離の基本である。

だから、教会の信徒が、ある政党（だけ）の候補を応援に行くことはない。信徒は、応援もするだろうが、それはほんとうに個人の責任で、民主党や共和党の活動に参加する。

公明党は、政党であるが、これと違ったふうにできている。

なぜ公明党だけを支持する

創価学会が、政治に進出したのはいまの政治はダメで、改革しなければならない、さもなければ人びとが幸せに暮らせないと思ったからだろう。

それはよい。でも、政治を改革するために、公明党をつくった。いわく、政治は、汚職で腐敗している、公明党は清潔だ。政治は、保守と革新に分裂している、中道の政治が必要だ。政治は、一般大衆を置き去りにしている、大衆のための福祉政策が必要だ。要するに、ほかの政党はダメで、公明党はよい、である。創価学会がそういう考えなら、学会員は、公明党を応援しなければと思う。

新しい政党ができて、政治をよくすればよいではないか。この考え方のどこが問題か。

＊

ふつうの政党は、つぎのような考え方でできている。

有権者　⇩　各政党　⇩　議会　⇩　政治　（a）

有権者が政党を支援し、議会に代表を送る。このメカニズムが機能するので、議会は、有権者の代表によって構成されることになる。政党はいくつもあり、政策もいくつもある。有権者はそのどれかを選ぶ。多数を得たものが、実際の政治を動かす。

（a）の中間を取り払うならば、

有権者　⇩　政治

となる。政治の主体が有権者である。これが民主主義の骨格であり、原則だ。
それに対して、公明党の場合はどうか。

創価学会　⇩　学会員／有権者　⇩　公明党　⇩　議会　⇩　政治　（b）

学会員／有権者が、公明党を支援し、議会に代表を送る。有権者のなかに占める学会員（や公明党支持者）の割合に応じて、公明党の議員が議会に議席を占める。ここまではよい。
だが、学会員／有権者はなぜ、公明党だけに投票するのか。それは、創価学会が学会員に、そう指示するから。公明党は、その目的で、創価学会がつくった政党だからだ。創価学会は、信徒である学会員に、影響力を持っている。これを踏まえて、（b）の中間を取り払って要約すると、

創価学会（有権者、ではなく）　⇩　政治

となる。有権者が、権力の源泉ではない。その背後の創価学会が、権力の源泉である。

これは、民主主義の原則を逸脱している。

創価学会の内部が、どういう意思決定の構造になっているのか。一般の国民（有権者）は知ることができない。かつては、池田大作名誉会長の意向が重要だったのかもしれない。いま池田名誉会長は高齢で、動静も数年間報じられていない。けれども、創価学会には意思決定の中枢があるはずで、創価学会は、信仰を通じて、学会員に大きな影響力を持つ。創価学会と公明党が結びついている限り、この構造を断ち切ることはできない。

政治の遠隔操作

これは、何を意味するだろうか。

宗教による、政治の遠隔操作だ。

たとえば、である。オウム真理教が信徒の数を増やし、数百万人になったとする。そして再び政治に進出、オウム真理党が衆院に数十議席を得た。伯仲国会のキャスティング・ボートを握った。法案を通したい政権与党は、オウム真理党に協力を求める。オウム真理教の指導者が大きな政治力を持つのは間違いない。そしてこの政治力は、民主的な手続きと関係ない。

たしかにオウム真理党の議員は、選挙で国会に議席を持っている。でも投票したのは、オウム真理教の信徒である。信徒の人数が増えたのは、宗教の論理（魅力）。信徒がオウム真理党の候補に投票するのも、宗教の論理（教団の意向）。そこには、候補者の政治家としての資質や政策のよしあしを判断して、有権者が投票するという手続きが働いていない。誰がオウム真理党から立候補するかを決めるのは、オウム真理教の本部である。

これは、グロテスクではないだろうか。

政教分離の原則がはっきりしていれば、つまり、宗教団体が政党をつくってはならないというルールがはっきりしていれば、これは防げる。オウム真理教の信徒が人数を増やしても、オウム真理教が政治を左右することを心配しなくてよい。

*

幸福の科学が幸福実現党をつくっている。信徒の人数が少ないので、いまのところ実害はまあない。けれども、考え方として、民主主義にとってとても危険である。

統一教会が国際勝共連合をつくっていた。国際勝共連合がもしも選挙に打って出たら、民主主義にとってとても危険である。

生長の家が政治部門を持っていた。生長の家そのものはその後、政治活動をやめたが、政治部門で働いていた人びと（生長の家ギャング）は、日本会議の中枢でいまも活動し、自民党に少なからぬ影響力を持っている。民主主義にとって危険なことではないだろうか。

＊

創価学会が、公明党を設立した。公明党は、創価学会の会員を支持母体とする政党だ。公明党は、創価学会とは別の組織で、自主的に運営されているという。だが公明党の議員や職員はほぼ創価学会の会員だ。公明党の主要人事が創価学会に握られているのは、公然の秘密だ。宗教教団である創価学会がここまでの政治力を持つのは、民主主義の原則を外れているのではないか。

創価学会の政治力

創価学会の政治力の源泉は、学会員の献身的な選挙活動である。

選挙になると、創価学会は燃え上がる。親戚や友人に電話をかけまくる。ビラを配布して回る。ポスターを貼る。選挙事務所をボランティアで手伝う。ほかの政党がうらやむほどの厚い支援を、公明党は受けることができる。浮動票を集める力は、それほど大きくないかもしれない。けれども、確実に読める票が集まることほど、心強いことはない。

小選挙区制度のもと、自公の選挙協力は洗練の度を加えている。一人区の立候補を、自民党と公明党で調整する。「一人区は自民党、比例区は公明党」などと、投票を依頼する。両党が綿密に協力して、目一杯の議席を獲得して分け合うことをはかる。

＊

政党と政党が、選挙協力をしたり、政策協定を結んだり、連立政権を組んだりすることは、問題がない。ふつうの政党同士であるならば。

公明党は、創価学会の価値観、世界観をもとに行動する、宗教政党である。創価学会の価値観、世界観がストレートに政治に反映してしまう点が、問題なのである。

公明党はなぜ存在するのか

宗教教団が政党をつくる。こういう、民主主義の原則と合わないことが起こったのは、創価学会の世界観によるところが大きい。

創価学会の人びとはたぶんこう思った。政治家は腐敗し、汚職にまみれている（そうだろう）。一般大衆を大事にする、大衆のための政治が必要だ（そうだろう）。いまある政党はどれも信頼ならないから、清潔で信仰を持つ人びとの新しい政党が必要だ（ここが問題だ！）。

この最後のところが、キリスト教にもとづく西側世界の考え方と、まるで違っている。そして、民主主義の原則から逸脱していく、原因になっている。本人にそのつもりがなくても。

＊

キリスト教は考える。人間は罪深い。しょっちゅう間違いを犯す。社会が不完全なのは当たり前である。政党も同じだ。正しい信仰というものはある。だが、**正しい信仰を持っている人びとが政党をつくったからといって、ほかの政党よりましなものができるわけではない**。創価学会の信仰が正しいからと言って、創価学会が政党をつくれば政治がよくなる、とは決して考えないのだ。

そのかわりに、どう考えるか。人間は間違えるが、悔い改め、間違いを正すことができる。誰にもそのチャンスがある。選挙がその機会だ。有権者が議員を選び、代表として行動する権限を与える。だがそれは条件つきだ。有権者の信託に応えなければ、つぎの選挙で落選する。どこかに理想の政治や政党があるわけではない。不断にそうやって、互いの過ちを正していくことが、政治をよくする唯一の道である。

だから教会は、「公明正大で」「清らかな」よい政党などそもそも存在しないと考える。一人ひとりが神に導かれ、まあましな行ないがどうにかできるだけだ。——こう考えれば、現実的であり、民主主義の原則とも合致する。

創価学会は、既存の政党を信頼せず、憎み、前途がないものと思った。だから、ピュアな政党として、公明党をつくった。

*

これは、政治思想として、間違っていると思う。少なくとも、民主主義の考え方ではない。いい政党／よくない政党があります。いまある政党はよくない政党で、救いようがないです。だから、いい政党＝公明党が必要です。これでは、政治はよくならない。むしろ、いまある政党の欠点を正して、少しでもましな政党につくり替えていく努力が大切だ。公明党さえよければいい、という考え方では、それ以外の政党がそのままになってしまう。

むしろ、創価学会としては、政治に対して厳しい批判の目を向け、個別の政策や候補者のよしあしをチェックする役割に徹したほうがよかったろう。そのためのメディア（新聞や雑誌など）も持っているのだから。

公明党はどうすればいい

それでは、公明党はどうすればいいか。

国政政党としての公明党は、解散するのがよいと思う。

そうすれば、（b）でのべたような、創価学会⇩政治、の影響力について、一般国民の疑念を持たれなくてすむ。日本の政治も、国会運営も、ずっとすっきりするはずだ。

非自民連立政権（細川政権）の当時、公明党自身が、その道を模索した。そのあと、自公連立政権の時代が続いているが、いつまでも続くはずがない。民主主義の原点に戻ろう。公明党は、母体である創価学会を大事に思うなら、国政政党としては店じまいするのがよい。

＊

県政以下の地方自治については、どうか。公明党が、政党としての活動を続けたいなら、地域に貢献する政党として、存続すればよいと思う。地方議会の政党は、国政の立法に関与しないのだから、宗教教団と深いつながりがあっても、社会に与える害は少ないからだ。

共産党はどうすればいい

それでは、共産党はどうすればいいか。

共産党は、もともとマルクス主義の革命党だった。それがなし崩しに議会主義の政党になった。にもかかわらず、党内民主主義のあり方が不透明で、上意下達の民主集中制をそのままにしている。

まず、共産党の看板を下ろそう。そして、共産党の時代のさまざまな過ちを反省し、謝罪しよう。昔、暴力革命路線をとったこと。リンチ殺人事件で有罪となった人物がずっと党の指導的地位にあったこと。組織原則を改め、党内民主主義を確立し、ふつうの政党に生まれ変わろう。野党がもし再編統一するなら、この際解党して、新政党に合流するのもよいと思う。

乱立する野党はどうすればいい

それでは、野党はどうすればいいか。

自民党の長期政権が続いているのは、野党がふがいないことが原因の一つである。

私に言わせると、野党は、政治のなんたるか、政党のなんたるかがわかっていない。

政党は、選挙区で議員を育てる地方組織である。政党は、与党と野党と、二つあれば十分である。人脈や、考え方（イデオロギー?）や、過去のいきさつや、支持母体の違いで細かく分かれてはいけない。自民党が、政党として近代化できていない、いまのうちがチャンスだ。しかも自民党は、公明党の助けを借りないと過半数が取れない。それでも足りなくて、日本会議や統一教会の手も借りている。そんな自民党に、有権者の大半はあきあきしている。

乱立している野党は、どれも解散して、一つになりなさい。

ただし、統一教会との関係が疑われた野党（たとえば、日本維新の会）は、事実関係を明らかにし、処分と謝罪をしてから、解散しなさい。

＊

政策を近づけよう、などとしてはいけない。口もききたくないほど仲が悪くても、気にしてはいけない。まず、仕組みをつくる。有権者の意思が議会に届く、パイプを設計する。選挙区の候補の公認は、予備選で有権者に決めてもらうのがいちばんいい。党の役職は、あとでゆっくり選挙で決めればいい。とにかく一度、総選挙を戦える体制をつくろう。

有権者は、いまのままの政治でいいと思っていない。その有権者の思いをきちんと言葉にして、健全な市民・有権者の思いをストレートに政策に結びつける仕組み（選挙区ごとの組織）をつくろう。それができれば政権は取れる。いや、政権を取ることを目的にしてはいけない。正しくて有効で近代的な政治のスタイルを、創作する。それを目標にしよう。総選挙は、三回ぐらい続けて負けることを覚悟する。有権者のためを考える。有権者に合わせてはいけない。自民党よりはるかにましな政党をつくる覚悟がなければ、政治家はやめたほうがいい。

自民党をどうすればいい

さて、自民党をどうすればいい。

自民党は、近代的な政党のかたちをなしていない。

それに手をつけるのが大事なのだが、これは時間がかかる。その前に急いでやることが三つある。

第一。統一教会と絶縁する。絶縁するやり方は、第2部でのべた。すぐやるべきだ。

第二。日本会議と絶縁する。宗教団体に票の取りまとめを頼まない、とはっきり決める。業界団体や地元後援会とはつき合ってよいが、宗教団体とは距離を置く。これを、党の方針としてはっきりさせよう。

第三。公明党との連立を解消しよう。公明党は、宗教教団を母体とする政党で、自公連立は政教分離の原則、民主主義の原則に反するからだ。

自民党はもともと、創価学会・公明党と手を結ぶことに、反対の意見が強かった。当然だろう。自民党はその原点に、立ち戻る必要がある。

＊

統一教会とのズブズブの関係を続けてきたことが背景になって、最大派閥の長で、元首相の安倍晋三という、自民党の大事な政治家を失った。悔やみ切れない無念な事件である。安倍元首相がいまの自民党を見れば、何と言うだろうか。こんな結果を招いた自らの政治家としての人生をふり返って、思うところがあるだろう。そして、こう言うだろう。宗教団体との不明瞭で怪しい関係をそのままにしないで、きちんと清算しなさい。国民に胸を張れるような近代的な政党に生まれ変わりなさい。私には、そう言っている声が聞こえる。

ほんとうの政教分離

最後に、本書の主題である「政教分離」について、まとめておこう。

政教分離で大事なのは、有権者が、どういう理由で投票するか、である。

有権者は、どんな理由で投票しても、誰かに文句を言われない。誰も、ほんとうの理由を知ることはできないのだから。

けれども、政治が政治として、民主主義が民主主義として、機能するためには、有権者は一人ひとりが、つぎのやり方を守らなければならない。これは、神聖な義務だ。

- お金をもらったから、握手したから、…で投票してはいけない。
- 親戚だから、同窓生だから、知人だから、同郷だから、…で投票してはいけない。
- 取引先だから、上司に言われたから、有名人だから、…で投票してはいけない。
- 候補者が、ふさわしい資質を持っているか、よい政策を掲げているか、だけで投票する。

有権者一人ひとりが、このやり方で投票した場合に、民主主義はやっと機能する。

＊

さて、日本の有権者は、自分の所属する集団ごとに、まとまって同じ候補に投票する文化があるのだった。これは、閉ざされた農村の地域共同体の慣行が、いまも続いているのだ。

では、どうしよう。こんな文化が残っているのなら、民主主義は成り立つのだろうか。

私は、チャンスはあると思う。

第一に、社会の分業システムのなかでさまざまに生まれる利害集団、たとえば、同業組合、労働組合、農協、業界団体、商工会議、地域住民団体、市民団体、…などが、ある候補者にまとまって投票するとしても、それは、民主主義を大きく歪めない。

第二に、都市化にしたがって、人びとはますます固定した集団に縛りつけられることがなくなり、無所属の有権者になっていく。よく「浮動票」などと言うが、失礼な言い方だ。英語では、スウィング・ボーターという。その都度、よく考えて投票するから、あらかじめ投票先が読めない。こういう人びとこそ、ほんとうの有権者だと思う。

この二つのタイプの投票にもとづくなら、日本でも民主主義は立派に機能するはずだ。

＊

けれども、問題なのが、宗教団体である。宗教団体は、利害を持たない。かわりに、世界観を持つ。その世界観に合わせて、宗教教団がまとまって投票する。すると、投票結果を歪めてしまう。民主主義を機能不全にしてしまう。

宗教団体が集票マシンとして機能しているのは、現実である。自民党はその現実を前提に、宗教教団を集票マシンとして活用してきた。利用したつもりが、利用されていた。

自民党に取りついた宗教教団が、統一教会、日本会議、創価学会、の三つである。

統一教会は、明らかなカルトである。すぐ絶縁しなければならない。

日本会議は、要注意な組織である。距離を置かなければならない。

創価学会を母体とする公明党は、特異な宗教政党である。連立を解消するのが望ましい。

その理由は、それぞれのべた。

＊

読者に気づいていただきたいこと。日本の政治は、政教分離の原則から逸脱している。それは、宗教教団が、まとまって投票を行なうところからきている。その投票行動が改まらないなら、どの政党も、宗教教団を集票マシンとして利用してはならない。それは、ルール違反である。有権者は、そのことを厳しく監視し、宗教教団を集票マシンとして使っている政党には、投票しないようにしよう。それは、スキャンダルなのだから。

公職選挙法を改正して、宗教教団が、特定の投票を信徒に示唆することを、違法にしたほうがいいかもしれない。

＊

ただ、法の改正よりもっと手っ取り早いのは、有権者の、宗教票に対する拒否反応を示すことである。メディアは、そのことを、スキャンダルであるとして、きちんと報じなければならない。日本の民主主義をまともなものにする第一歩が、それだ。

これこそが、ほんとうの政教分離である。

あとがき

本書を書かなければと思ったのは、二〇二二年の秋だった。

七月に安倍元首相が街頭演説中、銃撃で殺害された。悔やみ切れない事件である。犯行の背景がその後の報道で、少しずつ明らかになった。統一教会が長年、自民党の多くの政治家に深く喰い込んでいた。あってはならないことだ。国民はショックを受けた。

報道が進むにつれて、だが、私の違和感が大きくなった。なぜ統一教会はそこまでして、政権与党の自民党に喰い込もうとするのか。その動機は何か。そもそも統一教会はどのような信仰か。肝腎な問題の本質に、報道が届いていない気がする。雲がかかったまま。メディアの人びとがそもそも、わかっていないのではないか。

それなら、私が調べるしかない。宗教を研究してきた学者の端くれだ。いま人びとの役に立たないで、どうしよう。

自民党には、統一教会のほかに日本会議も喰い込んでいた。菅野完氏の『日本会議の研究』

は、日本会議の背景に生長の家の人脈があることを明らかにした。画期的な研究で目を開かれた。私の役目はその先だ。生長の家、そして統一教会は、どういう信仰か。なぜこの両者が、自民党の「保守」政治家に裏でつながるのか。この秘密を、日本の有権者に明らかにしなければ、民主主義が危ういのではないか。

＊

こういう本を書きたいのですが。集英社新書の編集部に相談したら、全面的な賛成を得た。さまざまなアドヴァイスやめんどうな校閲など、いつもながらの素晴らしい仕事ぶり。そしてこの企画にＧＯサインを出した決断に心から感謝したい。忙しい編集部に代わって国立国会図書館に足を運ぶなど、資料集めに活躍した木村風雅氏にも感謝したい。菅野完氏には、入手困難な生長の家関係の資料を貸与いただくなど、協力いただいた。お礼を言いたい。

こうして、二〇二二年の冬に原稿が完成した。

序の「カルト原論」は、服部美咲氏によるインタヴュー原稿（https://synodos.jp/opinion/society/28348/）が元になっている。

三人の優れた先行者に、特に敬意を表したい。有田芳生氏。統一教会をいち早く取り上げ、良質の調査報道を通じて国民を啓発し続けてきた。鈴木エイト氏。正攻法の調査スタイルとネットメディアを通じて、主流のメディアが届かない統一教会の実態をねばり強く追い続けてきた。菅野完氏。鋭い嗅覚によって、六〇年代学生運動の時期に遡る生長の家の青年運動の源流から、日本会議に流れくだる思想と人脈の系譜を明らかにした。この三人のお仕事は日本の有権者の財産であり、誇りである。

私は、この三人に導かれつつ、別な角度から、問題を掘り下げてみた。有権者のみなさんの参考になり、民主主義を再生するヒントになることを願っている。

＊

宗教は、時に牙をむき、カルトとなる。

だがそれは、宗教の本来の姿ではない。宗教は、人類文明そのもの、恵みの源泉である。どうか読者が、カルトについての認識を深めるかたわら、安心して宗教を人生の糧としていただけるのならありがたい。

二〇二三年一月

橋爪大三郎

主な参考文献

安東　巌　一九八〇『わが思い　ひたぶるに』生長の家青年会中央部　※菅野完氏所蔵
安東　巌　一九八〇『祖国への祈り　ひとすじに』生長の家青年会中央部　※菅野完氏所蔵
朝日新聞　二〇一六「日本会議研究　憲法編　上・中・下」「朝日新聞」三月二三～二五日
浅見　定雄　一九八七『統一協会＝原理運動――その見極めかたと対策』日本キリスト教団出版局
葦津　珍彦　一九七四「維新か革命か――国家の精神的基礎と現下の憲法問題」『祖国と青年』一七：四―三〇頁　→日本青年協議会（編）二〇〇一：八九―一一二頁　※菅野完氏所蔵
有田　芳生　二〇二二『改訂新版　統一教会とは何か』大月書店
反憲学連中央理論局（編）一九七八『大東亜戦争』（基礎学習資料No.1）（日本青年協議会政策委員会監修）、反憲学連中央委員会　※菅野完氏所蔵
反憲学連中央理論局（編）一九七九『天皇』（基礎学習資料No.2）、反憲学連中央委員会　※菅野完氏所蔵
橋爪大三郎　二〇一四『国家緊急権』NHK出版
橋爪大三郎　二〇一七『丸山眞男の憂鬱』講談社選書メチエ
橋爪大三郎　二〇一九『小林秀雄の悲哀』講談社選書メチエ
橋爪大三郎　二〇二〇『皇国日本とアメリカ大権――日本人の精神を何が縛っているのか？』筑摩選書

橋爪大三郎　二〇二二　『アメリカの教会――「キリスト教国家」の歴史と本質』光文社新書
橋爪大三郎・植木雅俊　二〇一五　『ほんとうの法華経』ちくま新書
Hassan, Steven 1988 *Combatting Cult Mind Control*, Park Street Press, ＝一九九三　浅見定雄訳　スティーブン・ハッサン『マインド・コントロールの恐怖』恒友出版
伊藤　哲夫　二〇〇七　『憲法はかくして作られた――これが制憲史の真実だ』日本政策研究センター
自由民主党　二〇一二　「日本国憲法改正草案（現行憲法対照）」（平成二四年四月二七日（決定））
椛島　有三　二〇〇一ａ　「『未来のための創造』か『伝統からの創造』か」『祖国と青年』平成一三年一月号　↓日本青年協議会二〇〇二：二九―三八頁
椛島　有三　二〇〇一ｂ　「自衛隊を『国軍』の本義に立ち返らせよ」『祖国と青年』平成一三年一二月号　↓日本青年協議会二〇〇二：二四―二八頁
椛島　有三　二〇〇二　「拉致問題の解決を妨げてきた憲法九条」『祖国と青年』平成一四年一〇月号　↓日本青年協議会二〇〇二：六―一三頁
日本会議新憲法研究会（編）　二〇〇一　『新憲法のすすめ――日本再生のために』明成社
日本青年協議会（編）　二〇〇一　『日本の歴史と文化と伝統に立って――日本青年協議会結成三十周年記念出版』日本青年協議会
日本青年協議会　二〇〇二　『憲法改正へ向けわれら何をなすべきか――三島精神の継承を志して vol.2』日本青年協議会　※菅野完氏所蔵
Nseka, Christian 2018 *The Unifcation Church*, Second Edition, Kindle Direct Publishing

佐高　信　二〇二二『統一教会と改憲・自民党』作品社

勝共UNITE　二〇二一『勝共UNITEと憲法改正——若者たちによる改憲運動』国際勝共連合

生長の家中央国家対策委員会（編）一九六五『憲法問題に対するわれらの基本的立場』（国民総自覚運動シリーズ）、国民総自覚運動本部　※菅野完氏所蔵

生長の家本部（編）一九五九『生長の家三拾年史』日本教文社

世界基督教統一神霊協会　一九九三『原理講論・普及版』光言社

Sontag, Frederick 1977 *Sun Myung Moon And The Unification Church*, Abingdon＝一九七九　松下正寿監訳　フレデリック・ソンターク『文鮮明と統一教会——その人と運動をさぐる』世界日報社

菅野　完　二〇一六『日本会議の研究』扶桑社新書　↓二〇二三　オンデマンド版

鈴木エイト　二〇二二『自民党の統一教会汚染——追跡3000日』小学館

谷口　雅春　一九三二『生命の實相』生長の家出版部　↓一九八二『生命の實相　復刻版』日本教文社

谷口　雅春　一九四一『天皇絶對論とその影響』光明思想普及会

谷口　雅春　一九四六「大和理念としての日本国」『生長の家』昭和二一年七月号　↓谷口一九八〇：三一八頁

谷口　雅春　一九五一『『甘露の法雨』講義』日本教文社

谷口　雅春　一九五三「限りなく日本を愛する」『生長する青年』昭和二八年二月号　↓谷口一九八〇：五二一—七三頁

谷口　雅春　一九五九『憲法について知らねばならぬこと』国民総自覚運動パンフレット　↓谷口一九八〇：一二五―一五一頁
谷口　雅春　一九六五『限りなく日本を愛す　改訂版』日本教文社
谷口　雅春　一九六七「日本国憲法の背景となる哲学」『白鳩』昭和四二年四月号　↓谷口一九八〇：九―三一頁
谷口　雅春　一九六八『憲法の正しい理解――憂ふべき青少年の現状のその奥にあるもの　自主憲法の制定は可能であるか』日本教文社
谷口　雅春　一九六九「生命体としての日本国家」『理想世界』昭和四四年一月号　↓谷口一九八〇：七四―九四頁
谷口　雅春　一九六九『占領憲法下の日本』日本教文社
谷口　雅春　一九七〇『続占領憲法下の日本』日本教文社
谷口　雅春　一九七二『諸悪の因　現憲法』生長の家政治連合本部
谷口　雅春　一九八〇『私の日本憲法論』日本教文社
谷口　雅春　二〇一三『御守護　甘露の法雨』光明思想社
Tsoukalas, Steven n.d. original title uncertain,　＝二〇一三　藤原祥隆訳　スティーブ・ツカラス『統一教会　カルトかクリスチャンか？　歴史と聖書による分析』Kindle 版

橋爪大三郎（はしづめ　だいさぶろう）

一九四八年生まれ。社会学者。大学院大学至善館教授。東京工業大学名誉教授。著書に『はじめての構造主義』『言語ゲームの練習問題』（講談社現代新書）、『アメリカの教会』（光文社新書）他多数。共著に『ふしぎなキリスト教』（大澤真幸との共著、講談社現代新書、新書大賞2012）、『おどろきのウクライナ』（大澤真幸との共著）『一神教と戦争』『中国共産党帝国とウイグル』（中田考との共著、集英社新書）等がある。

日本《にほん》のカルトと自民党《じみんとう》　政教分離《せいきょうぶんり》を問《と》い直《なお》す

集英社新書一一五七C

二〇二三年三月二二日　第一刷発行

著者……橋爪大三郎《はしづめだいさぶろう》

発行者……樋口尚也

発行所……株式会社集英社

東京都千代田区一ツ橋二―五―一〇　郵便番号一〇一―八〇五〇

電話　〇三―三二三〇―六三九一（編集部）

〇三―三二三〇―六〇八〇（読者係）

〇三―三二三〇―六三九三（販売部）書店専用

装幀……原　研哉

印刷所……大日本印刷株式会社　凸版印刷株式会社

製本所……加藤製本株式会社

定価はカバーに表示してあります。

ISBN 978-4-08-721257-0 C0214

Printed in Japan

a pilot of wisdom

好評既刊

おどろきのウクライナ

橋爪大三郎
大澤真幸

1141
B

権威主義国家VS自由・民主主義陣営
プーチンは地獄の扉を開いた！
世界史的地殻変動を文明と宗教で読み解く
ポスト・ウクライナ戦争の世界

二〇二二年二月、誰もがおどろいたロシアのウクライナ侵攻。プーチンはついに地獄の扉を開けた。アメリカ覇権の終焉後に始まる、ロシア、中国など権威主義国家と自由・民主主義陣営の戦いとは？　私たちは新しい世界にどう向き合うべきなのか？　この世界史的な地殻変動の本質を見抜くには、安全保障や経済政策の観点と同時に文明論、宗教学、歴史、社会学的な視座が不可欠だ。日本を代表する社会学者が混迷の世界の深層に迫る、白熱の討論。

中国共産党帝国とウイグル

橋爪大三郎
中田考

1084
A

大量収容、監視社会、思想改造、強制労働…新疆ウイグルから香港、台湾へと広がる世界的危機。民族弾圧から読み解く中国リスクの本質

「中国夢」「一帯一路」のスローガンの下、習近平体制以降ウルトラ・ナショナリズムに傾斜する中華人民共和国。急速な経済発展の陰では、ウイグル人をはじめとした異民族に対する弾圧が強化されていた。中国共産党はなぜ異民族弾圧、自国民監視を徹底し、さらに香港・台湾支配を目指すのか？　そもそも中国共産党は法的根拠のない、憲法よりも上の任意団体にすぎない。その共産党がなぜこれほど力を持つのか？　本書はウイグル問題を切り口に、異形の帝国の本質とリスクを社会学者とイスラーム学者が縦横に解析する。

一神教と戦争

橋爪大三郎
中田考

0960
C

「これほど緊張感に満ちた、火花の出るような対談を読んだのは、実に久方ぶりの経験であった。しかも、対談のテーマは〝戦争〟である」

白井聡氏評（政治学者）

なぜキリスト教徒は戦争に強いのか？　なぜキリスト教圏とそこから派生した世俗国家が覇権を制しているのか？　西欧とイスラームの衝突の思想的な原因はどこにあるのか？　本書は、この大きな「なぜ？」に答えを提示している。西欧思想に通じた社会学者とイスラーム学者による、互いに妥協せずに展開されるスリリングな対話からは、紛争の時代を見通す智慧が見えてくる。一神教とその社会、そして戦争の関係を考察する文明論の決定版。

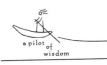